当代大学生职业生涯规划与管理研究

刘岩 著

天津出版传媒集团
天津科学技术出版社

图书在版编目（CIP）数据

当代大学生职业生涯规划与管理研究 / 刘岩著. -- 天津 : 天津科学技术出版社, 2024.6

ISBN 978-7-5742-2135-2

Ⅰ. ①当… Ⅱ. ①刘… Ⅲ. ①大学生 – 职业选择 – 研究 Ⅳ. ①G647.38

中国国家版本馆CIP数据核字第20241YP206号

当代大学生职业生涯规划与管理研究

DANGDAI DAXUESHENG ZHIYE SHENGYA GUIHUA YU GUANLI YANJIU

责任编辑：王　冬

责任印制：兰　毅

出　　版：天津出版传媒集团
天津科学技术出版社

地　　址：天津市和平区西康路35号

邮　　编：300051

电　　话：（022）23332377

网　　址：www.tjkjcbs.com.cn

发　　行：新华书店经销

印　　刷：河北万卷印刷有限公司

开本 710 × 1000　1/16　印张 15.25　字数 200 000

2024年6月第1版第1次印刷

定价：88.00元

前言

在经济全球化、社会信息化、职业多元化的时代背景下，当代大学生面临着前所未有的机遇与挑战。相较于之前，当代大学生在选择职业方向时，拥有更加广阔的视野、更多的选择和更高的期望。而在这样的环境下，如何为自己规划一个明确、科学、可实现的职业生涯，成为众多大学生迫切需要思考和解决的问题。

职业规划不只是一个简单的目标设定，更是一个对自己的深度了解和对市场需求的敏感反应。它包含了对未来的预测、对现在的分析，以及对过去的总结。在一个人的生命中，生活经历、对职业的理解和观念、所面临的机会和挑战都在持续地发生着变化。这意味着原本设定的职业目标也可能会由于各种原因而发生调整。

在如此快速变化的现代人力资源市场中，大学生面临着更为复杂的选择。他们不仅要考虑自己的职业目标和理想，还要考虑市场的需求和变化。这就需要他们具备正确的职业价值观、丰富的职业和行业知识，以及与之相配套的技能。不仅如此，他们还需要清晰地知道自己想在何地工作、以什么方式工作，以及为什么要选择这样的工作。只有当所有这些因素都被仔细地考虑和权衡时，一个人才能为自己的职业生涯做出最佳的决策。

本书旨在为大学生提供一个明确的方向和方法，帮助他们更好地了解自己，更准确地分析市场，从而为自己的职业规划做出最佳的选择。通过学会自我分析和探索的方法，以及掌握收集和分析专业、行业需求和发展趋势的途径，每个人都可以为自己的未来职业生涯做出明智的决策，从而实现自己的职业理想，过上幸福的生活。

本书共分为七章。第一章为大学生职业生涯概述，介绍了生涯、职业生涯与职业生涯规划的基本概念，探讨了职业生涯规划的特点、原则与影响因素，并在此基础上分析了大学生活对个人职业生涯发展的影响。第二章重点关注了当代大学生的自我认知与职业认知。这部分内容旨在帮助大学生深入了解自己，明确个人的兴趣、优势和职业方向，同时对当下的职业市场有一个清晰的认知。第三章详细阐述了大学生职业规划设计，从大学生职业规划设计的内涵、方法、流程，到职业规划的目标设计和具体的规划书设计，为大学生提供了一套系统的职业规划方法。第四章具体分析了大学生职业生涯规划的实施策略，以及在实施过程中可能遇到的问题和调整策略。第五章为当代大学生职业生涯阶段管理，深入剖析了大学生职业生涯各个阶段的特点、任务等。第六章为当代大学生职业生涯就业管理，除了探讨其意义，还提供了一系列就业策略和维权知识，帮助大学生在就业过程中更好地维护自己的权益。第七章探索了大学生的创业管理，从创业和创业精神的定义到创业教育和管理，为有志于创业的大学生提供了指导建议。

本书在编写过程中参阅了大量的文献资料，在此谨向文献资料的作者们表示感谢。由于水平有限，书中难免存在一些疏漏和不足之处，敬请读者批评指正，以便在今后的工作中不断改进和完善。

目录

第一章　大学生职业生涯概述

第一节　生涯、职业生涯与职业生涯规划

一、生涯

提及“生涯”，人们很自然地会想到“career”这个词，有时，人们也会用“职业生涯”来翻译它。但其中所蕴含的文化和历史内涵远比这些字面意义要丰富得多。从字源的角度来看，这个词来自罗马语的“via carraria”和拉丁语的“carrus”。这两个词都与古代的战车有关。在希腊，“career”更是有疯狂竞赛的含义。最初，它是用作动词的，描述驾驭赛马的过程。可见，在西方的文化背景中，“career”或“生涯”蕴含了在赛场上驰骋、竞技的意思，更隐含了那种不断挑战、冒险的精神。随着时间的推移，“career”逐渐从描述赛马、战车的具体动作转变为抽象的道路和人生发展的路径。它开始用来描述个人的职业和生活经验、所经之路，或者是一个人从生到死的整个发展历程。而在中文语境中，说到“生涯”，首先浮现在人们脑海的是“吾生也有涯，而知也无涯”①。

① 李俊伟．中医经典国学名篇选编[M]．北京：中国中医药出版社，2011：62.

这里的“生涯”更强调生命的有限性、时间的流逝。在这样的背景下，“生涯”不再是竞技场上的挑战，而是一段有着始终的人生旅程。而在后世的生活体验中，中国的文人又对其作了进一步的衍化，或将“生涯”视为“生活”，或将其更具体地定义在“生活的方式”这一层次上。

二、职业生涯

“生涯”这一词语，从规范性的角度解读，是指一个人一生中所经历的、顺次相连的所有事件。在不同的语境下，它又可以有更为具体的意义，如指某个特定领域的历程或进展，如婚姻生涯、学术生涯或学业生涯。而当人们特指职业领域时，所谈论的便是“职业生涯”。

职业生涯并不仅仅指一个人从事某种工作的时间长短，它更多地涉及一个人在职业生涯中所经历的各种事务、挑战、成就以及转变。根据生涯理论大师埃德加·沙因（Edgar H. Schein）的观点，职业生涯是一个多层次的概念，包括“内职业生涯”和“外职业生涯”两个层次。“内职业生涯”更加注重个体的内在经验和活动。当一个人从事某一职业时，他所具备的知识、观念、心理素质和能力等，都是其职业生涯的一部分。例如，一个销售人员所掌握的销售技巧、与客户沟通的经验，以及对产品的深入了解，都是他职业生涯的组成部分。另外，职业生涯还涉及个人的心理感受，如对工作的满足感、工作压力的体验等。与之相对的“外职业生涯”则更加关注职业生涯的外部因素。在从事某一职业时，个体所处的工作单位、工作地点、工作内容、工作职务、工作环境，以及工资待遇等，都是外职业生涯的重要组成部分。

对于一部分人来说，当提到职业时，他们首先想到的是工作。尤其在大学生中，伴随着毕业的压力和对未来的迷茫，许多人都希望能够尽快找到一份好工作，他们认为这就是职业生涯管理的全部意义。但这样的观念其实是一种严重的偏见。

的确，工作是职业生涯的一个重要组成部分，它为人们提供了经济来源和生活保障。但是，有了工作，并不意味着就拥有了一个成功的职业生涯。一个人的职业生涯不仅仅是工作，更重要的是他对工作的态度、职业规划、个人成长和满足感。当一个大学毕业生只是为了赚钱而工作，而不是为了追求自己的兴趣和热情而工作，那么他所做的只能称之为“工作”，而不是“职业”。在现实生活中，许多大学毕业生虽然找到了工作，但他们在工作中并不快乐。这可能是因为他们所从事的工作与自己的兴趣和才华不匹配，或者是工作环境和氛围不适合他们。长时间在这样的环境中工作，不仅会使人感到疲惫和失落，更有可能导致其对工作的厌恶和对未来的迷茫。因此，对于大学生来说，他们应该以新的方式思考工作的意义，以及工作和生活的关系。

事实上，工作与职业生涯有很多不同点，如图 1-1 所示。

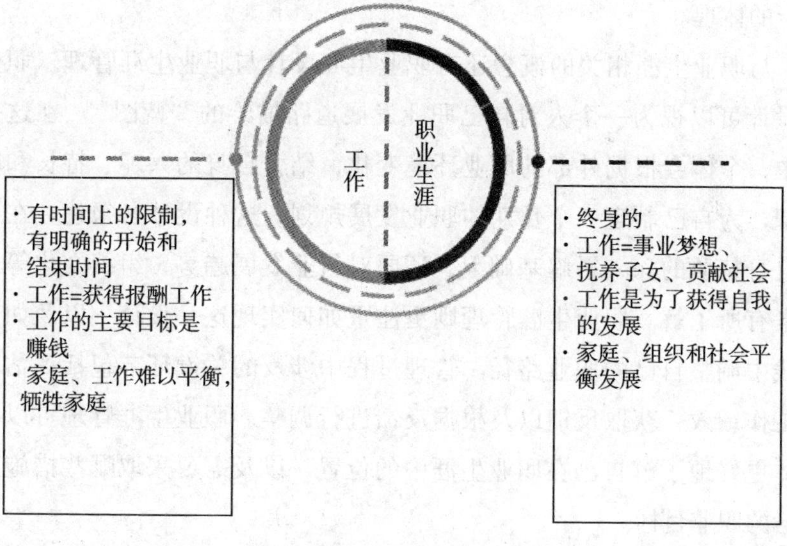

图 1-1 工作与职业生涯的不同点

职业生涯不仅仅定义了一个人的工作历程，更进一步地定义了一个人的生命历程。职业生涯可以从两个维度来理解：内职业生涯和外职业生涯。

内职业生涯涉及的是一个人从事某一职业时的知识、观念、经验、能力、心理素质以及内心的感受等。这部分更多地强调的是个人的内在发展和成长。例如，一个应届毕业生初入职场时，可能会对工作充满好奇和期待，但随着时间的推移，他可能会逐渐感受到工作的压力，也会因为经验的积累变得更加成熟和稳重。几年之后，当回首过去，他会发现自己在心态、处事方法和与人交往的能力上都发生了很大的变化。这些变化并不是外在因素带来的，而是他自己内心成长的体现。与内职业生涯不同，外职业生涯则更多地与外部环境有关，包括工作单位、工作时间、工作地点、工作内容、工作职务与职称、工作环境和工资待遇等。这部分涉及的是职业生涯的外在表现和成果。随着一个人事业的发展，他可能会得到职务的升迁、取得更高的职称或者获得更好的待遇。这些外在的变化，可以看作内职业生涯素质的成熟以及一个人在职业生涯中进步的体现。

与职业生涯相关的概念还有职业生涯设计与职业生涯管理。职业生涯设计可以视为一个人对自己职业发展道路描绘的“蓝图”。在这一过程中，个体会根据外部的职业环境变化，结合自身的兴趣、特长和职业期望，为自己制定一个长期的职业发展规划。这种设计必须建立在对个人自身特质的深入了解基础上，还要对行业发展趋势、组织文化等外部因素有所了解。职业生涯管理则更注重如何实现这一设计，以及如何在实践中调整自己的职业路径。管理过程中涉及的关键环节包括评估自己的工作绩效，获取反馈以及根据反馈进行调整。职业生涯管理可以帮助个体更好地了解自己在职业生涯中的位置，以及需要采取哪些措施达到自己的职业目标。

三、职业生涯规划

（一）职业生涯规划的概念

职业生涯规划也被称为职业生涯设计，这一概念是由威廉·罗思韦尔（William J. Rothwell）首先提出的。[①] 他认为，职业生涯设计是一个结合个人情境与当前环境制约的过程，旨在为实现个人职业目标设定明确的方向、时间和策略。对职业生涯规划概念的认识，应着重把握以下三点。

第一，职业生涯规划包括认知、设计和行动三个阶段。认知阶段是整个职业生涯规划的基础。在这一阶段，个体要对自己进行深入的了解，包括自己的人生理想、价值观、兴趣爱好、个性和能力等。这些因素构成了个体在职业生涯中的独特性。除此之外，了解外部环境，如家庭背景、社会趋势、工作性质等，也是非常重要的。有了这些认知，个体才能更好地定位自己，找到与自己匹配的职业方向。设计阶段，是在认知的基础上进行的。这一阶段要求个体明确自己的职业目标，制定相应的实施策略，并确定各个阶段的任务。行动阶段是将设计好的职业规划转化为现实的过程，这一阶段的核心是实施和调整。

第二，职业生涯规划是一门综合性的学问。以职业实现和职业维持为中心，它不仅仅围绕工作展开，更与性情培养、家庭角色扮演、生活方式和状态等非职业因素紧密相连。职业生涯规划的核心任务是寻找并走入理想的职业，并确保在其中长久地保持和发展。一个完整的生涯包括家庭、社交、兴趣和健康等多个方面，这些方面或多或少都与职业生涯相互影响。以家庭为例，家庭的建立和维系对于职业选择与发展起到了至关重要的作用。一个稳定、和谐的家庭背景可以为工作提供坚强的精神支撑，使人在职场中更加自信、果断。而反过来，职业的选择和进展也会对家庭生活带来深远的影响。所以，职业生涯规划是关于个人生涯较全面的规划过程。

第三，职业生涯规划深受客观条件的影响。客观上的因素，如经济走势、行业变革、政策调整等，都可能对个体的职业选择和发展造成影

---

① 刘丽娟．深入高校探析辅导员工作课程化建设[M]．北京：北京工业大学出版社，2021：198.

响。这些影响因素是无法完全预料或控制的，但人们可以通过持续的学习和调整，使自己始终保持在一个有利的位置。职业生涯规划所强调的不仅仅是对未来的预测，更重要的是在变化中找到机会，学会如何利用现有的资源和条件。职业生涯规划像是一张地图，标明了可能的方向和目的地，但实际的旅程中会有许多未知的挑战和机会。这张“地图”为人们提供了一个方向，帮助人们知道自己想要去哪里，但真正的行动和决策取决于个体自己。

（二）职业生涯规划的重要性

对于大学生和入职五年的青年人而言，他们的职业生涯成功与否，很大程度上依赖于是否有清晰的生涯规划和管理思路。现代社会中，许多人在面对生涯选择时，过分注重职业匹配的测评环节，希望通过这种方式找到与自己性格、兴趣和能力最匹配的“理想工作”。他们常常把兴趣、能力、性格和价值观视为一种固定不变的属性，认为只要找到了与之完全匹配的工作，就能够获得职业上的成功。但事实上，这种思维模式往往会导致他们陷入一个误区，即只关注目前的“完美匹配”，而忽视了生涯中可能遇到的各种机缘巧合和挑战。这种有局限性的思考方式很容易导致人们过于依赖测试结果，而忽视了生活和工作中的实际情境。

职业生涯并不是一条直线，它充满了曲折和变数。每个人都可能在某一阶段遇到挑战，需要调整自己的方向。真正的职业成功，不只是找到一个与自己完全匹配的工作，更重要的是能够在实际的工作中不断成长和进步。

实际上，每个人都可以通过不断的努力和学习重塑自己的性格，发掘和培养自己的兴趣，提高自己的能力，塑造自己的价值观。这并不取决于个体的出身、教育背景或者目前的职业状态，而是取决于其对自己的期望，以及为了实现这些期望所付出的努力。生涯规划的真正意义，并不仅仅是为了找到一个“完美的工作”，而是帮助每个人发现自己的潜能，找到自己的方向，从而在职业生涯中不断地成长和进步。

（三）职业生涯规划对大学生的意义

每个人都是独特的，无论在性格、能力、价值观、身体素质、物质条件还是生活状态方面，都存在着各自的差异性。这种差异性往往是由于人生发展中的“质”与“量”的不同所带来的。“质”代表着人的核心属性，如性格、价值观等，这是每个人的根本特点，它决定了人们对世界的看法，以及人们如何与他人互动。而“量”则代表着人们所拥有的资源和条件，包括人们的能力、身体素质、物质条件等。这两者都为人们在生涯发展的道路上提供了一个清晰的定位。在职业生涯的开始阶段，正确地认识自己当前的“质”与“量”至关重要。这不仅可以帮助大学生更好地了解自己当前所处的位置和所具备的条件，还可以为其提供一个明确的方向。

1. 有利于大学生的自我认知

（1）指导大学生确定恰当的人生目标。正如航海员需要明亮的灯塔指引方向，每一个人在人生的旅程中也需要一个明确的目标引导前进的步伐。一个好的目标应当是具有挑战性的，但也应当是可能实现的。如果目标过于宏大，过于遥不可及，大学生可能会因为无法找到明确的行动路径，或者因为过于困难而放弃。如果目标过于狭隘，可能会使得大学生过于专注于某一个小方面，忽视了整体的发展。而职业生涯规划所包含的各种理论、方法、工具，可以帮助大家准确地认识自我，在正确的自我定位的基础上，结合外部条件和社会需要确定切实可行的目标。

（2）帮助大学生认识既有的发展状态。这不仅意味着了解自己的个性和特点，也包括对自己的能力和缺点的明确认识，以及对自己所处的发展阶段的理解。当对既有的发展状态有一个清晰的认识时，大学生就可以更好地评估之前的努力是否达到了预期的效果，从而决定下一步的方向和策略。同时，对既有发展状态的认识，也可以作为评估自己之前设定的人生目标的一种方式。如果一个学生发现之前为自己设定的目标与自己的真实兴趣和能力并不匹配，那么他就需要重新考虑和调整自己的目标，使其更符合自己的实际情况。反之，如果他发现自己的目标与现状相符，那么他就可以更加自信地继续前进。

2.有利于大学生更好地发展自我

（1）帮助大学生树立正确的择业观念。在当下的社会，随着经济的发展和科技的进步，职业选择日益丰富，但出现了一个令人深思的现象，那就是大学生在面对这样一个五花八门的就业市场时，往往选择随大溜，导致许多热门职业领域出现高度竞争。其背后的原因很大程度上与许多大学生缺乏正确的择业观念有关。在众多声音和舆论的包围下，很多大学生并未给自己一个足够的冷静思考的时间，就匆忙地随大溜，甚至为了迎合社会的期望和标准而放弃对自己的身心特点和未来发展目标的思考。这导致许多学生在就业市场上反复碰壁，或者从事了一个与自己的个性和能力都不匹配的职业。长期下来，这不仅对个体的职业发展造成极大的限制，还可能导致心理的压抑、生活的不满和事业的迷茫。然而，真实的职业世界其实远比人们看到的要丰富和多元。每一个职业都有它的价值和意义，只要找到适合自己的，都能施展才华和有所成就。但如何发现和选择适合自己的职业呢？正确的择业观念是关键。这不仅仅是对外部环境的认知，更重要的是对自己内在的认知，包括了解自己的兴趣、潜力、能力和价值观。同时，大学生还需要有对未来职业发展的明确目标和规划。在这个基础上，职业生涯规划作为一个系统的工具和方法，可以帮助大学生更加明确和深入地了解自己，从而做出更为明智和合适的职业选择。

（2）引导大学生有针对性地培养素质和能力。当前社会的快速发展，为大学生提供了无数的机遇，但也带来了严峻的挑战。大学生不仅要有专业知识和技能，还需要具备全方位的素质和能力。常听说一些大学生在工作场合出于各种原因而遭遇困境：或者是现代化工具掌握得不熟练，或者是沟通表达不当，又或者是专业知识欠缺而频频失误。这些实际问题反映出许多大学生在校期间过于追求广泛的知识，而忽视了针对性的能力培养。在面对这样的职场形势下，大学生必须意识到，在有限的学习和实践时间内，追求面面俱到的完美是不现实的。而当代社会的分工逐渐精细化，意味着在特定领域深耕细作更能获得成功。因此，对于大学生而言，建立明确的发展目标并围绕这一目标进行能力和素质的培养是至关重要的。这里需要明确，目标并不是单纯地选择一个职业或行业，而是要确定自己想在这个职业或行业中扮演什么样的角色，希望实现什么样的价值。通过职业生涯规划，大学生可以更加清晰地了解自己的兴趣、价值观和长期目标，并根据这些信息制订个人发展计划。

（四）大学生如何管理职业生涯

大学生的职业生涯管理大致可以分为两个部分：第一部分是大学阶段的学业生涯管理；第二部分是大学期间如何为未来职业做准备的问题。

1. 大学阶段的学业生涯管理

大学，是一个为人生打下坚实基础的黄金时期。在这个阶段，许多同学仍然对自己的未来感到迷茫，不清楚自己的方向。但要知道，明确自己的目标与方向，可以更加明确地投入学业和个人发展中。以下是对大学生活的几点建议。

（1）学好、学通一个专业。宁可精而不广，也不可广而不精。学好自己的专业是基础，但也要保持对其他专业的好奇。例如，商学院的学生可以学习一些编程，而工程学的学生也可以尝试一些市场营销的课程。这样，即使未来从事的不是本专业工作，也能展现出自己的全面性和对其他领域的了解。

（2）精通一项技能。在技能上下功夫，可以在众多应届毕业生中脱颖而出。无论是英语口语、办公软件，还是其他专业技能，都需要大学生用实际行动证明自己的能力。

（3）培养一个专长。很多成功的人都有自己鲜明的个人特色。这个特色可能与专业技能有关，也可能是其他方面，如文字撰写、沟通协调、外语能力等。

（4）培养几个爱好。爱好是生活的调剂品，它可以为人提供一个放松的方式。与朋友打球、独自读书或者健身，都可以缓解学业的压力。而且，爱好有时候甚至可以带来意想不到的机会。

（5）博览群书。大学期间很适合安静地沉浸在书海中。不论是选择与专业相关的书籍，还是自己喜欢的文学作品，都可以帮助增长见识，开拓思维。设定一个具体的阅读量目标，如1 000册图书，从大一到大四规划好每个学年的书单，可以帮助自己建立完整的知识体系。

（6）交几个良师益友。在人生的旅途中，能遇到几位真正对自己有益的朋友或老师是多么幸运的事情。他们不仅会在关键时刻给出宝贵建议，还可能成为终生的知己。这样的友情或师生情，数量并不是关键，质量才是最重要的。

（7）从事社会实践。理论与实践往往有差距，而社会实践可以帮助学子们更直观地理解理论，也能让他们更早地适应社会的节奏。在实践中，大学生不仅能对某一主题有更深入的认知，还能学习如何与团队成员合作、沟通交流。这是一个宝贵的过程，可以锻炼人与人之间的互动技巧。

（8）了解未来职业并进行有效准备。未来在哪里？毕业后如何融入社会，如何适应职场？这些都是每位大学生都应该思考的问题。与社会中的人，尤其是那些已经工作的人交流，可以提前了解和预见未来可能遇到的问题。同时，大学生也要时刻明确自己的目标，知道自己是什么样的人，想要成为怎样的人。

2. 大学期间如何为未来职业做准备

大学生找到好工作很少与一时的运气有关，更多的是大学期间那份持续的努力与成长。大学不仅是一个学术的殿堂，更是一个让每位大学生为未来职业生涯做好准备的起点。入学之初，每位大学新生都应将人生看作一个长跑，职业则是沿途的一个个站点。四年的大学生活，如同一根绳索，连接着起点与终点，将大学的学术、实践和人生经验紧紧串联起来。而制定一个科学合理的职业生涯规划，便是每位大学生应当认真对待的任务。

大一揭开了大学生活的序幕。在这一年，观念的建立显得尤为关键。所以，大学生要对自己有一个清晰的认知，明确大学的目标和追求是什么。环境的适应也是大一生活的一个重要方面。无论是对于校园的认识，城市的探索，还是对于班级和寝室地融入，都是为了更好的生活和学习。适应环境，不仅可以摆脱那些因为地理、文化等因素带来的不适，也能更好地与身边的人建立关系，形成有利于成长的社交圈。而对于过去的自我，深入剖析自己的长处和短处，将有助于明确未来的方向。每个人都有不足，但关键是如何认识并改正这些不足。另外，选择自己喜欢的专业至关重要，因为这关乎未来的职业和兴趣。在专业学习的过程中，英语、计算机和其他基础知识也是不可或缺的工具，它们会在之后的学术和工作中起到决定性的作用。

大二的重点在于对行业和职业的了解。大学生应该更加明确自己的方向，知道自己将来想要进入哪个行业，从事什么样的职业。实际的职业世界和学校里所学的理论有时存在差异，所以多走出校园，亲身体验职业世界是非常必要的。

大三与大四这两年是大学生活的尾声，也是每一个学生真正开始思考未来职业方向的关键时期。如今的互联网为大家提供了一个巨大的信息海洋，每一个想要了解某个职业的人都可以在这里找到答案。职业信息不仅包括工资、工作内容等，还包括关于这个职业的教育背景要求、从业资质以及所需的职业经验等。这样的信息对于每一个想要进入某一职业的人来说都是必不可少的。对于那些还未确定未来方向的学生，升学也是一个不错的选择。继续深造不仅可以进一步加强专业知识，也可以为未来的工作积累更多的经验。

证书往往是很多职业的“门票”。它不仅证明了一个人的能力，也是很多公司招聘的基本要求。但是，大学生在选择考证的时候，不应该盲目跟风。每一个证书都有其对应的行业和职业，只有与自己的未来发展方向匹配的证书，才是真正有价值的。

求职是每一个大学生都必须经历的一道关卡。这不仅仅是找一份工作那么简单，更多的是找到一个真正适合自己的职业方向。性格、兴趣、价值观、能力等都是影响求职的关键因素。一个合适的工作不仅可以使人得到物质上的满足，更重要的是可以使人得到精神上的满足。

第二节　职业生涯规划的特点、原则与影响因素

一、职业生涯规划的特点

（一）个性化

职业生涯不是团体或机构的总和，而是一个深度融合了每个人成长环境、文化背景、职业愿景和对社会的看法的独立体验。在多元化的现代社会，人们的背景和经历差异化显著，从而决定了他们对未来的期望和追求各不相同。有的人渴望稳定，注重工作与生活的平衡；有的人热衷于挑战，不断寻求跳槽和创新的机会；还有的人崇尚自由，选择自主创业或者自由职业。正因为如此，一个固定的职业规划模板并不适合每个人，个性化的职业生涯规划变得尤为重要。然而，制定这样的职业规划并非易事。外界的意见和建议固然重要，但真正了解一个人内心所想、所需的，还是那个人自己。无论是职场上的导师、亲密的家人，还是关心的朋友，他们都无法替代个体进行这样的规划。他们可以提供宝贵的建议和参考，但最终的决策和选择仍然要由个体自己来做。

（二）时间性

时间跨度对职业生涯规划非常重要。它决定了一个人如何设置自己的步伐，以及何时采取关键的决策。职业生涯规划按照时间的跨度可以被分为短期、中期、长期，甚至是整个人生的规划。短期规划往往关乎眼前的实际，如在接下来的一年内希望完成什么样的工作任务，或者取得某种职业资格证书。这种规划明确且操作性强，但其影响相对有限，不能为未来铺设太远的道路。长期和人生规划则可能关乎 10 年、20 年甚至更长时间的职业发展，如达到某一职位，或者创立自己的企业。这种规划更多的是设定一个方向和目标，而非具体步骤。因为时间跨度太大，很多外部因素和个人的内部变化都可能对其产生影响，使得规划需要不断调整。中期规划可能涵盖了 3 ～ 5 年的时间，这让人们可以基于当前的条件和资源进行合理的计划。同时，由于时间并不过长，规划执行的反馈信息可以很快地被获取并分析，使得人们能够及时地调整自己的策略和内容，确保规划的有效性和可行性。

因此，中期规划在个人的职业发展中具有特殊的地位。它既能确保个人在眼前的几年内有明确的方向和目标，又可以为长期或人生规划奠定坚实的基础。当然，不同的人根据自己的需求和实际情况，会有不同的规划重点。但无论如何，一个合理且有操作性的职业生涯规划都是通向成功的必经之路。

（三）开放性

个人职业生涯规划并非孤立于社会背景之外的独立活动，而是一个深受外部环境、组织文化和他人意见影响的过程。每一个人都处于一个广阔的社会网络中，无论是身边的亲朋好友，还是所在的组织和工作团队，都会在不同程度上影响大学生的职业选择和发展方向。而且，在这个开放、变化的社会里，有效的个人职业生涯规划要经历数次的修正和调整，绝不是一成不变的。

二、职业生涯规划的原则

职业生涯规划需要遵循以下几个重要原则，如图 1–2 所示。

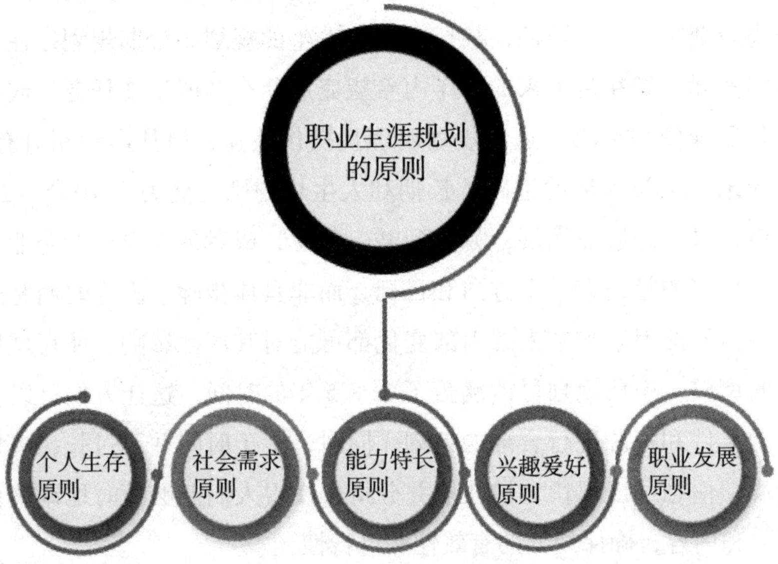

图 1–2　职业生涯规划的原则

（一）个人生存原则

亚伯拉罕·马斯洛（Abraham H. Maslow）将人类的需求从低到高分为五个层次，即生理需求、安全需求、社交需求、尊重需求和自我实现需求。① 只有低一层次的需求满足之后才会有更高层次的需求，作为一个自力更生的社会人，首先要学会生存，要有谋生的技能，才谈得上人生理想与生涯规划。

（二）社会需求原则

职业选择不仅仅是个人的事，更是与整个社会的发展和需求紧密相

① 吕桂兰，张虹．人文素养名篇导读 [M]．北京：中国铁道出版社，2016：51.

连的事。在一个快速发展的时代，社会对各种人才的需求也会随之发生变化。因此，大学生在选择职业时，必须考虑到这种社会需求的动态变化。这不仅能帮助他们更好地找到工作，还能确保他们所选择的职业方向具有长远的发展潜力。同时，遵循社会需求原则意味着，即使面对个人的短期利益，也要考虑长远的职业规划和社会的大局。

（三）能力特长原则

每个人都有其独特的能力和特长，而不同的职业对于能力的要求也是有所不同的。例如，一个善于与人沟通的人可能更适合销售或公关职业，而一个具有较强的逻辑分析能力的人则可能更适合工程师或分析师这样的职业。因此，大学生在进行职业规划时，必须首先了解自己的能力和特长，然后结合社会需求选择与之相匹配的职业。

（四）兴趣爱好原则

当人们对工作充满热情和兴趣时，工作就不再仅仅是为了生计，而成为实现自我价值和梦想的途径。兴趣可以使人们在面对工作中的困难和挑战时，保持持续的积极性和热情，从而取得更好的成果。此外，根据心理学的研究，当个体的工作和兴趣相匹配时，他们更容易感受到工作的满足和快乐，从而在职业生涯中取得更为卓越的表现。

（五）职业发展原则

职业的选择和规划不仅要考虑当前的经济收入和工作环境，还要关注职业的发展潜力和前景。大学生如果只关注眼前的利益，忽视了职业的长远发展，那么就可能错过更好的发展机会，甚至可能面临失业的风险。因此，如果感觉当前的职业没有发展的空间，或者不能满足长远的职业目标时，大学生就应该勇敢地做出职业的调整和变化，以追求更大的职业满足和成功。

三、影响职业生涯规划的因素

（一）个人特质

几乎所有的职业都对身心健康有所要求。例如，那些需要长时间工作或高强度劳动的职业要求良好的体力。同样，那些需要与人交往或应对复杂问题的工作，也需要良好的心理状态。因此，对自己的身心状态进行客观地评估是至关重要的。理解自己的身心优势和劣势，可以帮助大学生明确能从事哪些职业。

（二）受教育程度

教育不仅提供了知识和技能，还对个人的人格和视野进行了塑造。受教育程度的不同会对个人的职业选择产生深远的影响。拥有高学历的人通常在就业市场上拥有更多的机会和更强的竞争力。他们更有可能获得更好的工作机会，并在职业生涯中取得更大的发展。

（三）家庭经济情况

家庭背景与环境是塑造一个人观念和选择职业的重要因素。对于许多人来说，家庭经济状况决定了他们在规划职业生涯时所能考虑的选择范围。当家庭经济状况良好时，其成员拥有更大的自由度去探索和追求自己真正感兴趣的职业。相反，对于那些家庭经济负担较重的人来说，他们在规划职业生涯时会面临更多的限制和压力。实际上，家庭经济状况和职业生涯规划之间的关系是一个动态平衡的过程。大学生在进行职业选择时，除了考虑自己的兴趣和激情，也必须考虑家庭的实际需求。这并不意味着要完全放弃自己的理想，而要在追求理想的过程中找到一个既能满足家庭需求又能实现自我价值的中间点。

（四）社会环境因素

无论是社会的政治氛围、经济体制，还是职业的社会评价，它们都在某种程度上影响着人们对工作的认知和选择。对于大学生来说，尽管他们还没有完全进入社会和职业生活，但社会环境因素的影响已经深入他们的心中。通过舆论、习惯和其他渠道，社会对各种职业的评价都会潜移默化地影响大学生的认知和选择。随着时代的发展和变化，大学生的观念和价值取向也在不断调整。

第三节　职业生涯规划的理论支撑

一、特质－因素理论

特质－因素理论是由美国职业指导的先驱弗兰克·帕森斯（Frank Parsons）创立的。这一理论在西方国家历史悠久，应用广泛，在职业指导中长期占据了主导地位，并对全球各国产生了深远的影响。① 1909 年，帕森斯在其著作《选择一个职业》中提出了人与职业相匹配是职业选择的焦点的观点。他认为，个人都有自己独特的人格模式，每种人格模式的个人都有其相适应的职业类型。② 特质包括人们常说的性格、兴趣和技能，是个人独特的属性；而因素则是职业的具体要求，如某个职业需要高度的逻辑分析能力，或者需要与人沟通的技巧。根据特质－因素理论，个人在职业选择过程中，需要先对自己的特质进行分析和评价，深入了解自己的生理和心理特点；然后分析各种职业对人的要求，明确哪些职业需要什么样的特质；最后进行人职匹配，即在了解自己的特点和各职业要求的基础上，选择一个既符合自己特点又有可能获得的职业。

① 侯亚辉．应用型本科院校大学生职前教育与职业发展［M］．北京：现代教育出版社，2013：47.

② 蒙慧．人力资源管理［M］．武汉：华中科技大学出版社，2019：231.

二、职业发展阶段理论

（一）沙因的职业锚理论

职业锚理论是美国职业指导专家埃德加·沙因领导的专门研究小组在对其所在的美国麻省理工学院斯隆商学院的毕业生职业生涯研究中演绎成的。[①] 在当今社会，大学生面临着诸多职业选择和发展的机会和挑战。有些选择可能会让他们离梦想的职业越来越远，而有些选择则可能会帮助他们实现梦想。因此，确定一个人的职业锚变得尤为关键。职业锚是个体在职业生涯中始终坚守的核心价值观和动机，它是个体在面临重要决策时所依赖的稳固基点。现代大学生在规划职业生涯时需要考虑多种因素，其中包括能力、动机与需求、价值观、兴趣爱好和职业性向。这些因素是构建职业锚的关键因素。

（二）休珀的发展阶段理论

美国职业生涯规划专家唐纳德·休珀（Donald E. Super）于 1953 年依照年龄将每个人生阶段与职业发展配合，将生涯发展阶段划分成五个阶段，即成长、探索、建立、保持和衰退，形成“成长—探索—建立—维持—衰退”的循环。

1. 成长阶段（出生到 14 岁）

在这个阶段，儿童首次尝试理解自我，不断摸索如何表达自己的需求。他们像一张白纸，任由经验和教育涂抹上各种颜色。该阶段发展的任务是发展自我形象，形成对工作的正确认识，并了解工作的意义。

2. 探索阶段（15 岁至 24 岁）

这一阶段的人生，就像是一段冒险之旅，目的是寻找自我在这个世

① 陈建．职业生涯规划理论与实践[M]. 北京：航空工业出版社，2014：84.

界中的定位。在这一期间，青少年开始通过学校、社交和其他活动探索自己的能力和潜力。该阶段的发展任务是职业偏好逐渐具体化。

3. 建立阶段（25 岁至 44 岁）

经过前两个阶段的摸索和实践，人们对自己有了更明确的认识，开始了解自己的价值所在，并在职场中为自己找到一个稳定的位置。但是，这个位置并不是一成不变的，需要不断地维护和升级。

4. 维持阶段（45 岁至 65 岁）

这是一个相对稳定的阶段，但也充满了挑战。随着经验和资历的增长，人们已经在职业领域取得了一定的成绩。但随之而来的是年轻一代的冲击和挑战。如何维护自己的位置，如何保持自己的竞争力，成为这一阶段的核心任务。

5. 衰退阶段（65 岁以上）

身体和心理上的变化，使人们不得不重新评估自己的价值和目标。这不再是一个职业上升的阶段，而是一个从参与到逐步引退的过程。但这并不意味着生命的结束，而是一个重新定义自己和找到新的满足感的开始。

三、明尼苏达工作适应论

明尼苏达工作适应论是由心理学家罗圭斯特（Lofquist）和戴维斯（Dawis）提出的。该理论强调，只有当工作环境能满足个人的需求（内在满意），个人也能满足工作的技能要求（外在满意）时，个人在该工作领域才能够得到持久发展。

选择职业或生涯发展固然重要，但就业后的适应问题更值得注意。在工作上能否持续稳定，对个人的生活信心与未来发展都是重要的课题。基于此种考虑，戴维斯等人从工作适应的角度，分析适应良好与否的因素。每个人都会努力寻求个人与环境之间的适配性，当工作环境能满足个人的需求，又能顺利完成工作任务，符合程度就会随之提高。

第四节　大学生活与个人职业生涯发展

进入大学意味着步入一个充满探索和挑战的世界，每个学生都有机会通过各种活动和经历，塑造自己的人生观和价值观。学术生活固然是大学的核心，但社区生活、课余休闲和文化生活等方面也同样重要。这些都为学生提供了了解世界、体验生活的平台。在大学这个独特的环境中，学生们不仅仅学到了专业知识，更学会了如何与人相处、如何合作、如何为自己的未来规划。这里，每个人都有机会成为一个更完善、更独立的个体。每一次的团队合作、社团活动或者文化交流，都是学生们认识自己、完善自己的过程。大学为学生们提供了一个舞台，让他们学会生活、学会与人为善，学习基本的理论、技能，更重要的是，培养独立的生活能力。这一切经历都为学生们的终身学习和未来的职业生涯奠定了坚实的基础，使他们能够更好地面对未来的挑战。

一、生涯意识对大学生活的重要性

职业生涯是每个人人生中的一大段时期，它反映了一个人从毕业到退休的整个工作经历。大学时期应该是一个人塑造自己、锻炼能力、规划未来的关键阶段。但很多大学生并没有对自己的未来有一个明确的规划，不能运用职业设计理论制定自己的发展路线，导致很多学生毕业后对自己的定位感到迷茫，不知道自己应该走哪条路，更不知道如何为自己的未来做好准备。如果大学生对自己的职业生涯没有一个明确的目标，就会使他们在找工作时往往是哪里热闹就往哪里去。而当他们真正进入职场后，由于之前没有做好充分的准备，对职场中的种种困难会感到措手不及，这不仅对他们自己的职业生涯造成了影响，也给企业带来了不小的麻烦。要知道，成功找到一份满意的工作并不是一蹴而就的事情，它需要长期的积累和努力。有的学生认为只要在找工作前拿到一些证书就能增加自己的竞争力，有的学生则因为成绩不理想而感到自卑。但这些都不是最关键的。真正的关键是一个人是否有自己的核心竞争力，这种竞争力并不是单纯地通过考试或者拿证书体现的，而是通过一个人在大学期间的学习和锻炼积累的。这就需要大学生认真规划自己的职业生涯，找到自己的发展方向，为自己的未来做好充分的准备。

二、生涯意识对大学生发展的作用

（一）使大学生明确奋斗目标

在经过深思熟虑后选择的职业岗位上，大学生可以更加得心应手地施展自己的才华，尽情展现自己的潜能。他们会用自己的专业知识和技能，结合自己的特长，创造出色的业绩。当他们在工作中取得了成功，实现了自己设定的目标时，那种成就感将会油然而生，深深地滋润他们的心灵。

（二）增强大学生未来发展的计划性

好的计划是成功的开始。职业生涯规划可以帮助大学生回答两个关键性的问题：“我想干什么”和“我能干什么”。在大学生涯中，大学生接触到了各种各样的知识和信息，但很多时候他们会感到迷茫和困惑，不知道自己的未来应该怎么规划。这时，对自己的性格、能力和兴趣的深入了解，可以帮助他们更好地找到自己的位置，确定自己的职业方向。

（三）增强大学生的职业竞争力

职业生涯规划与终身教育息息相关，是终身教育的一种形式。它以素质教育为基础。素质教育强调的是对全体学生的关注，而不仅仅是学术上的佼佼者。它要求教育者真正尊重学生的个性，理解他们的兴趣和志向的多样性和差异性。在这样的教育背景下，职业生涯规划自然而然地成了一个继续深化这一教育目标的重要工具。它要求学生在选择职业道路时，既要充分发挥自己的个性，又要充分考虑社会的需求，从而使自己的职业选择和社会的发展需求达到最佳的匹配。

通过职业生涯规划，学生可以更加理智地认识自己和认识社会。他们可以明确自己的兴趣和强项，了解自己的长处和短处，从而更加明确地为自己的未来制定目标。与此同时，他们也可以更好地理解社会的需求，了解所处行业的趋势，从而做出更加明智的职业选择。

有效的职业生涯规划可以引导大学生正确认识自身的个性特质，引导大学生对自己的综合优势与劣势进行对比分析，使大学生学会如何运用科学的方法采取可行的步骤与措施。

三、学业与职业发展

大学生的学业并不仅局限于传统意义上的“读书”，它更加广泛、多元。除了学习基础的科学文化知识，大学生还需培养多种素质和能力，包括思想深度、政治觉悟、道德素养、业务技能、科研能力、组织管理技巧以及创新思维。

（一）树立正确的学业观

学业观就是对所学专业、课业的态度和认识。在当代社会中，这种观念对于大学生尤为关键，因为它将决定他们的未来走向、事业选择和人生观。一个人的学业观会在很大程度上影响他的学习动机、学习策略以及他对知识价值的认识。

对大学生而言，学习不仅是为了满足外部要求，如父母或老师的期望，更是为了自己。在一个日新月异、竞争激烈的时代，知识和能力成为保持自己不被淘汰的根本。无论在哪个行业，只有不断学习、不断进步的人，才能在竞争中站稳脚跟，甚至走在前列。因此，每一个大学生都应该认识到，读书是为了自己未来更好的生存和发展。

（二）职业发展从学业规划开始

做好学业规划对于大学生来说尤为重要，其中提前规划学业主要的优势有以下几个方面。

第一，增强自我约束和管理能力。这种能力是指大学生能够主动地、有目的地对自己的思想和行为进行控制，以达到自己设定的目标。简而言之，这是个人与社会之间的一个平衡点。一个有良好自我约束和管理能力的人，能够清晰地知道自己想要的，也知道为了实现设定的目标，现在应该做什么。学业规划正是这样一个工具，它使大学生明白，为了实现未来的大目标现在应该做什么。这使大学生更加珍惜当下的时间和机会，全身心地投入学业中。

第二，增强生活与学习的主动性。做好学业规划能够增强生活与学习的主动性。每一个大学新生都带着高中时期的疲惫和期望，希望在大学找到一个新的自己，体验不一样的生活。但如果没有明确的方向和目标，这种期望很容易变成盲目和放纵。学业规划为学生提供了一个清晰的方向和目标，使他们知道自己应该何去何从。这种主动性使学生更加珍视学习和生活的每一刻，因为他们知道，现在的努力都是为了更好的未来。这也避免了许多大学生到了大四时突然焦虑、迷茫，不知道未来该怎么办的情况。

第三，有利于大学生的自我完善。好的学业规划为大学生提供了完成学业的清晰蓝图，使自己对学业的实现过程有了清晰、透彻的认识，进而更有信心和勇气达到自我完善。

对大学生而言，大学生活的每个阶段都有不同的目标，每个阶段都会对其未来的职业发展产生重要的影响。因此，大学学业规划的分层实施至关重要。

1. 大学一年级学业生涯特点与实施策略

（1）上学期。大学生在刚入学时会面临一系列的心理和行为上的不适应。他们更加追求自主，但在生活中发现自己的自理能力远不如想象中那么强；他们对未来抱有极高的期望，但往往缺乏自制能力去规划和执行；他们情感充沛，但在决策时有时过于冲动，缺少必要的理智。这一阶段的学生很容易受到外界因素的影响，如父母的期望、朋友的选择，或者流行的社会趋势。他们可能因为某一时刻的冲动或外界的压力设定了一个目标，但这样的目标往往缺乏真实性，或者过于远大而显得空洞。

实施策略：第一，自我探索。大学时期是大学生了解自己、确定自己未来发展方向的重要阶段。新生应该花时间分析在高中时期建立的职业生涯目标，找出可能存在的问题，然后修正这些目标。第二，完成角色转变。新生需要意识到自己已经是大学生，应当树立独立、自主的学习和生活态度，走出对大学理解的误区，积极地适应大学生活。第三，确立明确的学习目标。设置具体的短期和长期目标，如拿到奖学金，通过英语四、六级考试，准备研究生入学考试或者出国深造。第四，拓展人际关系。虚心向师兄师姐请教学习和生活经验，与不同背景的同学交往，这样不仅可以得到帮助，还能扩展自己的视野。第五，参与校园生活。加入学生社团，参与课外活动，不仅可以丰富自己的大学生活，还能提高自己的组织和沟通能力。第六，多渠道获取信息。利用网络、杂志、校友和老师等渠道，了解自己专业的前沿动态和未来发展方向。

（2）下学期。对于大学一年级的学生来说，下学期无疑是他们人生中重要的时期。此时，他们不仅已经积累了半年的大学生活和学习经验，对自身也有了更为深刻的认识。通过与高年级学生，特别是即将毕业的大四学生的交流，他们对未来的职业有了更为明确的规划方向。在这一阶段，大学生的目标不再是模糊和广泛的，而是更为具体，更符合他们的兴趣和能力。与此同时，学生开始结合自己的性格、爱好和能力，为自己设定更加具体的职业生涯目标。

实施策略：第一，加深专业认识。对于自己所学的专业，学生需要进一步深化对其培养目标和就业方向的了解，明确自己的职业定位。第二，专业学习。增强对本专业的自觉性学习，制定明确的学习目标，确保每一门课都能得到扎实的学习和掌握。第三，外语学习。外语在当今世界的重要性不言而喻，学生应加强外语学习，确保能够顺利通过四级或其他相关考试。第四，掌握计算机技能与知识。随着科技的不断发展，计算机技能已成为现代职场的必备技能。学生应该努力学习计算机知识，并运用计算机和网络辅助自己的学习。第五，备选规划。为了应对可能的转专业、考研或双学位、留学的机会，学生需要提前做好资料的收集和课程的准备。第六，了解大学学习特点。大学学习与中学有很大的不同，学生需要尽快适应大学的学习方式和方法，掌握大学学习的基本规律。

2. 大学二年级学业生涯特点与实施策略

（1）上学期。进入大学二年级上学期，大多数学生已经完全适应了大学生活的节奏。经过一年的摸索与磨炼，他们掌握了大学生活的规律，建立了一定的人际关系，新环境带来的适应压力也已基本消退。这个阶段，大学生开始真正从现实的角度审视自己的成长。他们更为积极地参加各种活动，寻找机会主动提升自己的素质和技能。与此同时，他们也在对自身的性格、能力、优势和劣势进行更深入的挖掘，积极地探索自己未来的职业兴趣和方向。这时期的学生由于对社会对各种人才的需求、社会经济与政治的发展，以及各职业发展趋势等有了更加深入的了解，因此他们开始对职业的重要性产生深刻的认识，并以此为驱动力，希望自己能够快速成长。

实施策略：第一，进行深入的自我探索。通过心理测试、咨询等方式，更加深入地了解自己的兴趣和潜能，从而确定适合自己的职业方向。第二，关注社会趋势。通过学习和观察，深入了解当下的社会、经济、政治、文化发展状况，从而为自己的职业选择提供更为客观的参考。第三，制定生涯规划。在充分了解自我和社会需求的基础上，制定一个切实可行的职业生涯规划，为自己的未来指明方向。第四，参与实践活动。

参加校园文化活动、社会实践和兼职工作，不仅可以锻炼自己的能力和技巧，还可以积累宝贵的实践经验，为未来的职业生涯打下坚实的基础。第五，长期投入相关领域。为了确保自己的选择与未来的发展方向相匹配，学生可以在课余时间长时间投入与自己专业或职业方向相关的工作中，如参与学生科研项目。

（2）下学期。当大学生进入大学二年级下学期时，他们在学术和生活中的身份已经发生了明显的变化。对于自我，学生已经形成了比较清晰的个人价值观和世界观。他们对专业的热爱和对社会的认识都进一步加深，不再满足于课堂上的学习，而是开始渴望开拓新的知识领域，发掘更多的兴趣爱好。此时，他们的思想更为活跃，对未来的规划和期望更加具体和现实。

实施策略：第一，了解职业兴趣。学生应该深入了解自己的兴趣所在，这将有助于他们确定更加明确和实际的职业发展方向。第二，提升职业竞争力。学生需要明确自己在职业市场中的不足之处，然后制订相应的提升计划，增强自己的职业竞争力。第三，掌握就业信息。了解行业的最新动态和市场的需求有助于学生更好地为自己的职业生涯做准备。第四，完善职业生涯规划。基于对自己和市场的了解，学生应该制定一个更加明确、实际的职业生涯规划。第五，增强英语和计算机技能。英语和计算机已经成为现代社会的基本技能，学生不仅要通过相关考试，还要努力提高自己的实际应用能力。第六，辅修其他专业知识。除了本专业的知识，学生还应该根据兴趣和需求，选择一些相关或相近的专业进行辅修，这样可以更好地丰富自己的知识结构。第七，参与各种活动。无论是文化活动、社会实践还是兼职工作，学生都应该积极参与，这不仅可以锻炼自己的能力，还可以检验自己所学的知识和技能。第八，拓宽知识面。学生不仅要掌握自己专业的知识，还要努力了解其他相关或相近的专业知识和技术。

3. 大学三年级学业生涯特点与实施策略

（1）上学期。大学三年级的上学期，对于许多学生来说，是他们人生轨迹中的一个决策时刻。这一阶段，学生的人生路径开始发生分化。部分学生选择继续深造，开始为研究生考试做准备，而另一部分学生则将视野转向就业市场，努力通过各种途径提升自己的就业竞争力。对于职业生涯的规划，学生在这一阶段也呈现出明显的特点。他们的长远目标变得更加明确和坚定，不再像大一时期那样模糊和带有探索性，而是有了明确的方向和计划。同时，他们的近期目标也变得更具体，无论是为研究生考试做准备，还是提高自己的就业竞争力，都有了清晰的步骤和策略。

实施策略：第一，明确职业方向。学生需要根据自己的兴趣、能力和市场需求，进一步明确自己的职业方向。这不仅包括长远的职业规划，也包括短期的实习和工作目标。第二，参加校园文化活动和社会实践。除了课堂学习，学生还应该积极参与各种校园文化活动和社会实践。这不仅可以锻炼自己的能力，还可以拓宽自己的人脉和视野。第三，实现阶段性目标。无论是为了深造还是为了找工作，学生都应该设定具体的阶段性目标，并制订实施计划。例如，为研究生考试做准备的学生，可以设定每个月的复习计划；而希望提高就业竞争力的学生，则可以设定参加某些实习和培训的目标。第四，获得工作经验。为了更好地应对未来的就业市场要求，学生应该尽早开始积累工作经验，无论是通过实习、兼职、暑期工作，还是参与志愿者活动。第五，进行有针对性的能力训练。除了工作经验，学生还应该根据自己的职业方向，进行有针对性的能力训练。例如，提高自己的沟通能力、团队协作能力和解决问题的能力。第六，参加与专业技能相关的资格认证考试。为了在众多求职者中脱颖而出，学生还应该努力获得与专业相关的各种资格证书。

（2）下学期。三年级下学期的学生更加注重专业知识的深度学习和实践技能的掌握。他们不再满足于课堂的理论知识，而是迫切地希望能够通过各种实践活动，如实习、实训、项目研究等，将所学知识运用到实际中，提升自己的职业竞争力。职业目标的明确与修正也是此阶段的一个显著特点。大学生在经过两年半的学习和实践后，对自己的兴趣、能力和市场需求有了更深入的了解。这时的大学生开始进行全面的反思，对初入大学时设定的职业目标进行重新评估，并努力建立更加贴近社会现实的职业目标。

实施策略：第一，评估与修正职业生涯目标。学生需要掌握职业生涯评估方法和目标修正方法，对之前制定的职业生涯规划进行反思和评估，确保自己的职业目标与个人理想和社会现实相结合。第二，获得实际工作经验。学生应积极参加与专业相关的实习、暑期实践工作等，以获得实际工作经验，提升自己的专业能力和职业竞争力。第三，加强能力提升训练。除了专业知识，学生还需要注重通用技能的培训，如沟通、团队协作、问题解决等，这些技能在未来的工作中都是非常重要的。第四，与毕业生交流。学生可以加强与已经毕业的校友的联系，从他们那里了解求职的心得体会，学习如何写简历、求职信等，为自己的求职之路打下坚实的基础。第五，扩大求职信息来源。学生需要加强了解和搜集工作信息的渠道，从而更好地了解市场需求，甚至提前为自己找到合适的工作机会。

4. 大学四年级学业生涯特点与实施策略

（1）上学期。进入大学四年级上学期，大部分大学生在经历了三年的积淀与磨砺后，已经具备了一定的专业理论和专业技能，人际交往能力、思维能力、创新意识、团队精神等多方面的能力都得到了显著提高。随着大学生活接近尾声，学生的目光不再仅仅聚焦在学业上，而是更多地投向了即将到来的工作机会。这时的学生会更有目的性地进行职业规划，确立更具有现实性和可操作性的职业目标。

实施策略：第一，了解自我与定位职业目标。学生应深入了解自己的兴趣、专业技能和长处，结合个人的发展规划和职业愿景，明确自己的职业方向。第二，积极参与求职训练。为了更好地应对未来的求职挑战，学生需要积极参与学校提供的各种就业培训活动。这些培训不仅能够帮助学生提高求职技巧、完善简历和提高面试技巧，还可以帮助他们了解更多关于求职的信息和资源。第三，了解求职政策与市场需求变化。随着社会的发展和市场的变化，求职政策和市场需求也会发生相应的变化。学生要及时了解这些变化，确保自己在求职时能够把握住有利的机会。第四，加强对用人单位的了解。学生可以通过学校的就业指导中心了解各种用人单位的资料信息，与他们进行交流，了解他们的需求和期望，这样在求职时就可以更有针对性。第五，进行实践演练。学生不妨模拟真实的求职场景，进行模拟面试等训练，这样在真正求职时就可以更加从容和自信。第六，广泛收集求职信息。学生应当广泛收集各种招聘信息，了解市场上的职位需求，从中筛选出适合自己的工作机会，进行有针对性的申请。第七，主动出击，及时择业。时间不等人，学生在收集到合适的求职信息后，应当尽快进行申请，争取早日获得理想的工作机会。

（2）下学期。进入大学四年级的下学期，对于大多数大学生而言，这是一个即将告别校园、步入社会的重要转折点。这一阶段，每个学生都期望能对自己的大学生活进行一个完美的收尾，为即将到来的社会生活做好充分准备。这一阶段的职业生涯目标显得非常明确：就业体现为职业素质的培养和训练。大学生需要通过实际的训练和实践，进一步提高自己的专业技能和职业素养，以适应即将步入的职场环境。

实施策略：第一，积极收集信息。大学生应广泛了解各种就业及创业相关的信息，包括招聘会、企业宣讲会、行业前景分析等，从中获得对市场的直观了解和自己感兴趣的职业方向。第二，参与快速提升训练。针对自己即将从事的行业和职业，大学生应参加各类培训课程，如职业技能培训、求职面试技巧培训等，以弥补自己在某些方面的不足。第三，广泛建立联系。与即将步入的行业内的企业和专业人士建立联系，可以为自己提供更多的职业机会。第四，进行有针对性的综合素质训练。了解自己即将进入的公司文化和岗位要求后，大学生应有针对性地进行各种训练。第五，主动展示自己。无论是实习、志愿服务还是参与学术活动，都是向潜在雇主展示自己的好机会。在这些活动中，大学生应抓住每一个机会，向外界展示自己的才华和能力。

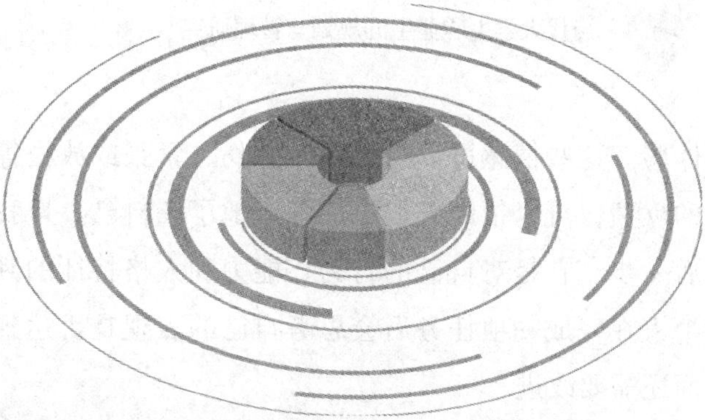

第二章　当代大学生的自我认知与职业认知

第一节　当代大学生的自我认知

一、自我认知与择业

（一）自我认知的含义

自我认知也被称为自我意识，是对自己各个方面的深入了解与再认识，是对自身资源的整理与发掘的过程。① 自我认知主要包括三个部分，即自我观察、自我体验、自我评价。自我观察是自我认知的第一步。在日常生活中，人们经常会注意到自己的情感和反应，如在某个场合下感到紧张，或在某件事情上感到兴奋。这些都是对自己感知和思维的觉察。此外，意向、想法和行为也是自我观察的重要部分。例如，当面对一个决定时，人们会思考自己的真实意图是什么，或者如何做才能达到自己的目标。伴随着自我观察，人们会体验到各种各样的情感，这就是自我

① 杨红英．大学生职业生涯规划 [M]．昆明：云南大学出版社，2015：23.

体验。这些情感可以是快乐、悲伤、紧张或放松等，是人们对自己了解的反馈，可以帮助人们更加深入地了解自己。自我评价是自我认知的最后一步。它是对自己的行为、能力和人格特征的判断与评估。例如，一个人在完成一项任务后会思考自己的表现是否达到预期，或者在哪些方面还需要改进。

自我认知还涉及生理、心理和社会三个层面。生理自我认知关注人们的生理特征，如性别、身高和外貌等，这是最直观、最容易获得的自我信息。而心理自我认知则更为复杂，它涉及人们的兴趣、气质、性格以及能力等内在特质。社会自我认知关注人们在社会中的角色、人际关系以及在群体中的地位，帮助人们了解自己在社会大环境中的位置。

大学生身处人生的关键转折点，更需要强烈的自我认知。如何选择一个适合自己的职业，如何实现自己的理想和目标，都离不开对自己深入的认知。

（二）自我认知对择业的影响

1. 对择业目标的影响

（1）能清楚自己想干什么。确定择业目标意味着进行深入的自我反思，以明确人生的真正需求。每个人在一生中都有自己的价值观和重视的事物。这些因素构成了每个人的成就观，它们决定了什么可以为人们带来真正的满足感和快乐。在大学生活中，大学生不仅要努力学习专业知识，更重要的是要深入地了解自己，了解自己的内心深处真正渴望的是什么。有了这样的自我认知，大学生就可以更加明确地为未来规划，不会被外界的诱惑或一时的利益所左右。他们可以确信自己选择的职业方向是与自己的兴趣、理想和对成功的理解相一致的。

（2）能清楚自己能干什么。知识、能力、个性和特长在个人的职业发展中起着关键的作用。在当前的社会中，选择正确的职业对于大学生来说尤为重要。他们即将步入社会，面对各种各样的职业机会和竞争，选择一个与自己能力和兴趣相匹配的职业，将直接促进他们的职业生涯和人生价值的实现。知识是个人的“内存”。在大学期间，通过系统的学习，学生会积累起自己的专业知识库。没有足够的专业知识，即使有再好的职业机会，也很难胜任。能力，或者说是个人的“操作系统”，决定了个体如何运用自己的知识，与他人合作解决问题。能力涵盖从批判性思维、解决问题、沟通技巧到团队合作等一系列软技能。这些能力在实际工作中的应用，常常决定一个人的工作效率和团队协作水平。个性和特长是个人的“特色”。有的人沟通能力强，善于处理人际关系；有的人则在数据分析、逻辑推理方面有特长。这些个性和特长往往是决定一个人在某个领域脱颖而出的关键。

在面对择业这一重要决策时，许多大学生往往忽视了对自己的全面了解。有些人过高估计自己，认为自己无所不能，结果往往会选择不适合的工作，导致后期工作困难重重，职业生涯受挫。而另一些人则过于谦虚，低估了自己的价值，可能会选择一些低于自己能力的工作，导致职业发展的潜能被大大限制。这也就是为什么在大学阶段学生需要对自己进行客观、全面的评价，充分认知自己的学习成绩、一般能力、专业技能、特殊才能、身体状态、社交情况、心理素质等。只有这样，才能为自己选择一个最适合的职业，实现自己的人生价值。

2. 对择业策略的影响

在当今社会，人才市场的竞争愈发激烈。然而，成功的关键并不只在于拥有出众的才华和资质，还需要在求职择业的过程中采取正确的方法和策略。大学生只有深刻了解自己的优劣之处和应聘工作的要求，才能选择最适合的方式来争取这份工作。因此，确立了正确的择业目标后，了解自己在各方面的长短优劣，客观地给自己定位，有利于在求职时采取恰当的方法和策略，扬长避短，顺利实现自己的就业目标。

3. 对择业心态的影响

在择业过程中，大学生很容易被各种不恰当的心态所束缚，进入许多心理误区。比如，一些学生过于关注周围人的选择，从而容易陷入互相攀比的困境，希望自己的工作选择与他人持平或超越他人。而另一些学生则过于依赖他人的意见，缺乏对自己的了解和评价。这些偏离正轨的心态很可能导致选择失误，进而引起心理障碍，甚至可能导致心理疾病。心理障碍的产生往往与个人的自我认知有关。有些学生在选择工作时，由于对自己有过高或过低的评价，导致选择与实际能力不符的工作，随后可能会感到挫折和焦虑。

正确的自我认知和评价是避免心理障碍的关键。认清自己的优点和不足，明确自己的兴趣和职业方向，有助于选择最适合自己的工作。实事求是的态度能使学生在遭遇挫折时对自己有一个公正的评价，从而调整心态，积极应对挑战。

（三）自我认知的维度

大学生自我认知的维度主要有以下几个（图 2–1）。

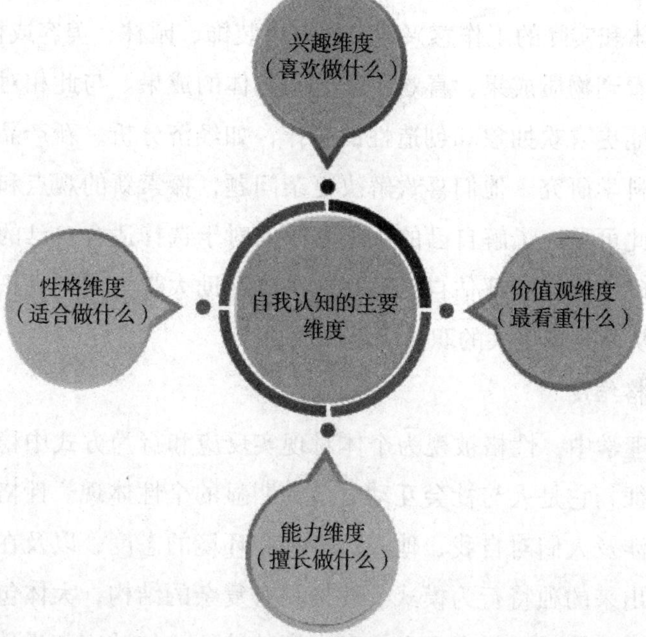

图 2-1　自我认知的主要维度

1. 兴趣维度

美国芝加哥大学心理学教授米哈里·希斯赞特米哈伊（Mihaly Csikszentmihalyi）通过研究发现，当人们完全沉浸在某种活动中，以至于忘记了时空和自己，这种状态往往伴随着最大的愉悦。[①] 这种状态与人们对兴趣的理解紧密相连。兴趣，作为一个基于需求和积极情感的心理倾向，可以极大地影响人们的注意力、认知和行为。在许多情况下，兴趣是推动人们行动的关键因素，并可能决定活动的成功。兴趣不仅可以影响人们的日常活动和娱乐选择，还与人们的职业生涯紧密相关。每个人的职业兴趣反映了他对某一职业活动的长期和稳定的心理倾向。这种倾向并不仅仅是人们对某项工作的兴趣，它是人们个性的一部分，表

① 赵雪政，余少军，余金保．大学生职业生涯规划与管理 [M]．上海：上海交通大学出版社，2022：44.

现出人们如何对待工作和如何选择与之相关的活动。例如，有些大学生可能对具体和实际的工作感兴趣，如室内装饰、园林、美容或机械维修。他们喜欢看到物质成果，喜欢手工艺和具体的成果。与此相对，另一些大学生可能更喜欢抽象和创造性的工作，如经济分析、新产品开发、社会调查或科学研究。他们喜欢解决复杂问题，探索新的观点和创造新的东西。由此可见，了解自己的兴趣和倾向对于选择适合自己的职业至关重要。正确地理解和评估自己的兴趣可以帮助大学生找到真正符合自己的职业，从而实现更大的职业满足和成功。

2. 性格维度

在心理学中，性格被视为个体对现实反应和行为方式中稳定而核心的心理特征，它是人与社会互动时最为明显的个性体现。性格的构成丰富多样，涉及人们对自我、他人、事物和环境的态度，以及在这些互动中所表现出来的独特行为模式。性格具有复杂的结构，大体包括以下几方面的特征。第一，对现实和自身态度的特征，如诚实与虚伪，或者谦逊与骄傲。这些特征揭示了一个人如何看待自己和外部世界，以及他们在面对挑战或机会时可能做出的选择。第二，意志特征。这主要涉及一个人在面对困难或机遇时的决策和行动方式，如是否勇敢、果断，或者是否表现出优柔寡断和胆怯的特点。这一部分的性格直接影响一个人在面对压力时如何行事，或在做决策时如何权衡各种选择。第三，情绪特征，即一个人的情感反应和情绪稳定性。热情与冷漠，开朗与抑郁，这些情绪特征不仅影响人与人之间的交往，还深深地影响着个体的心理健康和日常生活质量。第四，情绪的理智特征。这主要反映一个人的思维方式和能力。是具有敏捷、深刻、逻辑性强的思维，还是表现出迟缓、浅薄、缺乏逻辑的特点，这些都是评价一个人决策能力、学习能力和创新能力的关键因素。

3. 能力维度

人的能力是多样的、分层次的，并为各种任务与挑战提供支持。能力是使人们能够迅速和准确地完成某项任务的个性心理特征，是判断一个人是否能够胜任某项活动的基石。人的能力大体上可分为两种：一般能力和特殊能力。

一般能力，也被称为普通能力。这种能力是人们在日常生活中以及在多数工作环境中都需要的。它可以被看作一种“通用工具”，适用于多种情境和需求。一般能力的主要组成部分是智力及其各个要素，如观察力、记忆力、想象力和抽象思维能力等。

特殊能力往往与特定的技能或任务有关，如音乐、绘画、数学或机械等。特殊能力往往具有自己独特的结构和要素。以音乐能力为例，它由音乐感知、音乐记忆和想象力、音乐情感和音乐动作四大要素组成。这些要素的不同组合为个体提供了独特的音乐才华和潜力。学生特殊才能的形成和发展有赖于个体先天的素质，但更重要的是由环境和教育所造就的。

4. 价值观维度

价值观是一个人对于周围事物的评判标准。它不仅影响着人们对事物的看法和评价，更是指引人们生活的灯塔。人们如何看待生活中的事物，如何为自己的人生定位，以及如何做出重要的决策，都与其内心深处的价值观紧密相连。价值观一方面体现为对某些事物的向往和追求，另一方面则作为评价事物的标准，帮助人们分辨事物的好坏、价值的高低。

人生价值是一个与价值观密切相关，但又更为特殊的领域。每个人都会面临人生中的各种选择：选择何种人生目标，选择何种人生道路，以及如何处理生命中的种种矛盾。在这些选择中，价值观就像是一盏指引灯，照亮前方的道路，帮助人们作出判断。每个时代都有其特定的价值观。而一个人的价值观，从他出生的那一刻开始，就在家庭、社会、文化等多重因素的影响下逐渐塑造。社会的生产方式、经济地位、传媒宣传、家人、朋友、公众人物的观点和行为等，都对一个人的价值观产生了深远的影响。

价值观不仅影响着大学生对生活的态度，还左右着大学生的职业选择。职业价值观是指人生目标和人生态度在职业选择方面的具体表现，也就是一个人对职业的认识和态度及他对职业目标的追求和向往。它是一种具有明确的目的性、自觉性和坚定性的职业选择的态度和行为，对一个人的职业目标和职业动机起着决定性的作用。

（四）自我认知的方法

大学生要想形成清晰的自我认知，可以采用以下几个方法（图 2–2）。

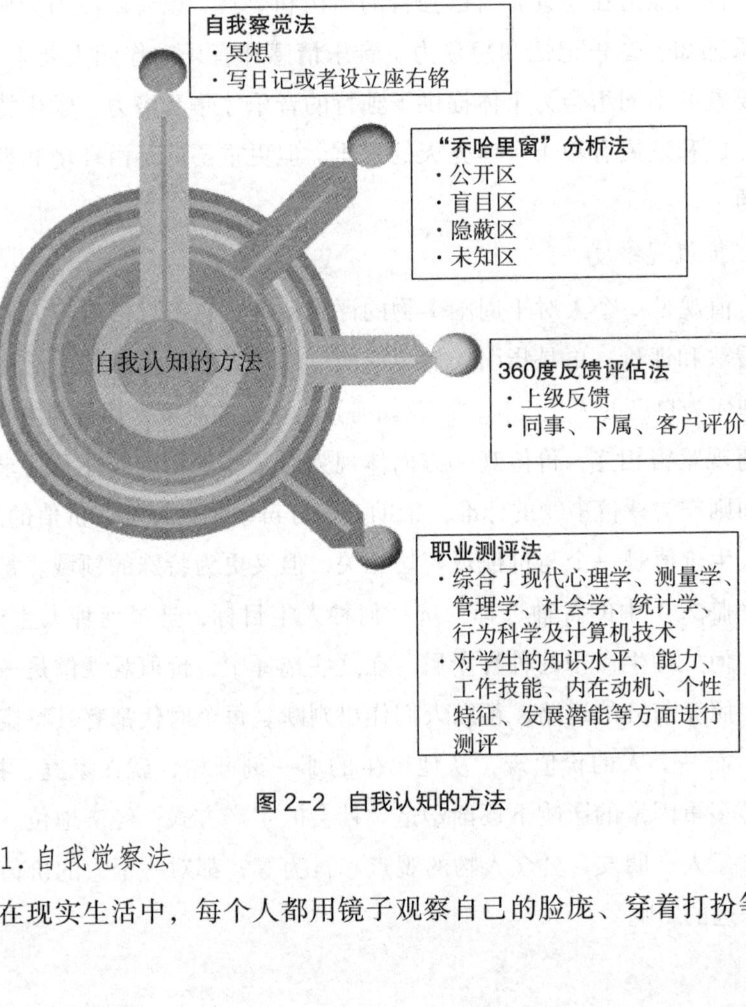

图 2–2　自我认知的方法

1. 自我觉察法

在现实生活中，每个人都用镜子观察自己的脸庞、穿着打扮等外在形象，追求外貌上的完美。但除此之外，还存在一面更加深沉和难以捉摸的“内照镜”。这面镜子并不直接反映物理容貌，而是映射内心的深处，揭示真实的想法、情感、动机和欲望。每个人都可以用自己的方式进行这样的自我觉察。对于一些人来说，深度的冥想是他们的选择，通过冥想，他们能够进入自己的内心深处，找到自己真正的需求和情感。而对于另外一些人来说，写日记或者设立座右铭是他们的方式。通过日记，他们能够把自己一天的所思所感记录下来，然后在之后的某一天，他们可以通过这些文字再次面对自己，看看自己在过去的一段时间里有了怎样的成长和改变。无论选择哪种方式，重要的是人们要时常对自己进行自我觉察。只有真正了解自己，人们才能够更好地面对生活的挑战，成为一个更加完整和成熟的人。

2.“乔哈里窗”分析法

“乔哈里窗”分析法是一种揭示个体自我意识和反馈模型的方法，为人们理解自己和他人提供了一个独特的视角。该方法通过四个区域描述人的自我知觉和他人对其的认知。

第一个区域：公开区。此区域包含的是那些显而易见的、人们可以清晰辨识的信息。姓名、年龄或学历等都是在这个范畴内的内容。在社会交往中，一个主要的目标是使“公开我”变得更加丰富，提供更多关于自己的信息，从而与他人建立更深入的联系。这种开放可以通过分享个人经历、参与社交活动或主动征求他人的看法来实现。

第二个区域：盲目区。此区域包含那些可能被他人觉察到，但个体自己却未觉察的特质或行为。例如，某人可能不知道自己说话的时候有些啰唆，但周围的人都能感受到。为了更好地了解这个区域，与亲近的人进行开放和诚实的沟通是关键。

第三个区域：隐蔽区。此区域包括人们的恐惧、希望、梦想，或者那些不太愿意与他人分享的秘密。为了更好地探索“隐藏我”，撰写日记或自传是一个很好的方法。

第四个区域：未知区。这是一个无人知晓，即使人们自己也不了解的区域。然而，这个区域中蕴藏的潜力是巨大的。科学研究显示，人们只使用了大脑的一小部分功能，而绝大部分的潜能仍然处于休眠状态。发掘这些潜能，挖掘出那些隐藏的才华和技能，可以为大学生带来无尽的可能性。

3. 360 度反馈评估法

“不识庐山真面目，只缘身在此山中。”[①] 人们在自我评估时，往往存在一些认知盲区，即那些自己未能意识到的个人特质和行为。360 度反馈评估法多用于企业管理实践，旨在为员工提供一个多角度、多层面的反馈机制。在这种评估中，个体不仅从上级得到反馈，还会从同事、下属乃至客户那里获得评价。这种多方面的反馈为个体提供了一个全面的镜像，帮助他们更真实地看到自己的长处和需要改进的地方。对于大学生而言，这种评估方法同样具有极大的价值。大学是一个人生涯规划的重要阶段，有时因为年轻和缺乏经验，很难看清自己的真实面貌。此时，那些在日常生活中与大学生密切相处的人，如老师、家人、朋友和同学，他们的反馈就如同一个多面镜子，从各个角度映射出大学生的真实形象。

4. 职业测评法

职业测评法综合了现代心理学、测量学、管理学、社会学、统计学、行为科学及计算机技术。它不单是一种笔试评估，更融合了人机测评、结构化面试、情景模拟与评价中心等多种方法。职业测评法针对个体的知识水平、能力、工作技能、内在动机、个性特征及发展潜能进行细致测量，并根据工作岗位和组织特质为每一名人才进行专业评估。对于大学生来说，这种评价方式同样具有显著意义。运用测评手段，大学生能在短时间内得知自身在某些领域内的优势，尤其当这些优势是与群体比较得出时，更是有助于为个体提供客观的自我描述和评价。这种自我认知成为决定职业方向时的关键参照。

① 王昶．诗词曲名句赏析[M]．北京：商务印书馆，2015：321.

二、认知兴趣

（一）兴趣与职业发展

1.兴趣与职业发展的关系

兴趣，作为一个人对某事物的喜好和热情，往往随着时间和经验的积累而发展和变化。它通常经历有趣、乐趣和志趣三个阶段，每一个阶段都有其独特的特点和价值。“有趣”是兴趣的最初级的形态。这种兴趣主要源于对某一事物的好奇和新奇感。例如，一个孩子首次看到彩虹时，可能会因其五彩缤纷的颜色和奇特的形状而产生浓厚的兴趣。然而，随着时间的推移和对该事物的逐渐熟悉，这种新奇感很可能会消失，而兴趣也随之减弱。这就是为什么“有趣”被称为兴趣发展的低级阶段。随后进入“乐趣”阶段。这一阶段的兴趣不再是浅尝辄止，而是对某事物有了更深入、持久的追求和研究。这时的兴趣更加稳定，也更加专一。“志趣”阶段是兴趣发展的最高阶段。当个人的兴趣与其社会责任、理想、追求等结合在一起时，它就转化为了志趣。志趣不仅是对某事的喜好，还蕴含了对社会的责任感和为实现某个目标的坚定决心。它具有社会性、自觉性和方向性。

一方面，兴趣可以通过职业经验来培养。当人们在某个领域工作，并随着经验的积累，逐渐在该领域取得了一定的成绩和认可，他们可能会对这个领域产生兴趣。例如，一名初入职场的会计，原本可能只是为了谋生而选择了这个职业，但在工作中发现自己擅长处理财务数据，而且随着工作的深入，他在团队和公司中得到了更多的肯定和回报。这种主观和客观的肯定很可能会让他对会计工作产生更大的兴趣。有了这种兴趣，他会更加努力工作，持续提高自己，将工作做得更加出色。

另一方面，职业也可以成为链接一个人兴趣变化的纽带。兴趣分为隐性兴趣和显性兴趣。人们对某个领域或者某个工作有浓厚的兴趣，但这种兴趣并没有得到充分的体现和发挥，这就是所谓的隐性兴趣。隐性兴趣点要转化为一个成熟的显性兴趣，必须有一个职业催化的过程。如果人的兴趣被工作所激发的话，这个兴趣点就会存在于人本身的气质里面，变成显性兴趣。

2. 兴趣对职业发展的影响

（1）兴趣是职业生涯选择的重要依据。兴趣是强大的精神力量，它源于人的内心深处。当人们对某个领域产生浓厚的兴趣时，他们通常会投入巨大的热情和精力去追求和学习。兴趣可以使人集中精力获得所喜欢的知识，启迪智慧，甚至带领人走向创新的道路。这种精神上的饱满状态不仅帮助人们快速吸收信息，而且有助于他们积极地感知和关注职业的知识和动态，大胆探索和实践。

（2）兴趣可以提高工作效率，充分发挥才能。兴趣与工作效率和才能发挥有着密切的联系。兴趣可以说是工作效率的最佳助推器。人们在从事自己热爱的事业时，即使面对枯燥的任务也能因为内心的热情而感到丰富和有趣。在这种情境下，人们往往能够调动自身的全部精力和能力，以高效、有创意的方式完成任务。

（3）兴趣是保证职业稳定、职场成功的重要因素。在许多领域中，无论是学术、艺术还是职业生涯，许多成功的例子表明，兴趣是取得成就的关键。在职场上，兴趣的作用更是不可或缺。当一个人对工作充满兴趣时，他会愿意深入研究，探索其背后的每一个细节。每一天都像是一个新的冒险，每一个挑战都变得令人兴奋。这样的热情和专注往往会带来高质量的成果，因为当人们投身于他们热爱的事物时，他们可能做得更好。与此同时，对工作的兴趣也有助于个人的职业选择。有时候，一个人可能对多个领域都有浓厚的兴趣，这就意味着他在决定职业道路时有更多的选择。当个人能够结合自己的兴趣和才能选择职业时，他们更有可能在职业生涯中取得成功和满足。当员工对他们的工作感兴趣时，他们的工作满意度也会提高。这种满意度不仅仅是个人的，也会影响到团队和组织。

（二）职业兴趣类型理论

在20世纪70年代，随着社会变革和人们对工作与个人价值的重新审视，职业指导成为一个热门的领域。美国职业指导专家约翰·霍兰（John Holland），结合帕森斯的观点以及当时流行的人格心理学概念，创立了一个革命性的理论。他提出，职业选择并不只是为了谋生，更多的是个体人格的一种表达。职业兴趣类型理论有以下三个基础假设。

（1）大部分人可以按照六大人格特质来分类：现实型、研究型、艺术型、社会型、企业型和常规型。

（2）工作环境也有6种类型，其名称、性质与人格类型的分类一致。

（3）人与职业环境的类型匹配是形成职业满意度、成就感的基础。人们都尽量寻找那些能突出自己特长、体现自己价值和能令自己愉快的职业，所以一个人的行为表现是职业环境类型和人格类型相互作用的结果。

职业兴趣类型理论的主要内容如表2–1所示。

表2–1　职业兴趣类型

类　型	喜欢的活动	重　视	职业环境要求	典型职业
现实型	用手、工具、机器制造或修理东西。愿意从事实务性的工作、体力活动，喜欢户外活动或操作机器，不喜欢在办公室里工作	具体实际的事务，诚实，有常识	使用手工或机械技能对物体、工具、机器、动物等进行操作，与“事务”工作的能力比与“人”打交道的能力更为重要	园艺师、木匠、汽车修理工、外科医生、足球教练员
研究型	喜欢探索和理解事物，学习研究那些需要分析、思考的抽象问题，喜欢阅读和讨论有关科学性的论题，喜欢独立工作，对未知问题的挑战充满兴趣	知识，学习，成就，独立	分析研究问题、运用复杂和抽象的思考创造性地解决问题的能力，谨慎缜密，能运用智慧独立地工作，一定的写作能力	实验室工作人员、生物学家、化学家、心理学家、工程师、大学教授

续 表

类　型	喜欢的活动	重　视	职业环境要求	典型职业
艺术型	喜欢自我表达，喜欢文学、音乐、艺术和表演等具有创造性、变化性的工作，重视作品的原创性和创意	有创意的想法，自我表达，自由，美	创造力，对情感的表达能力，以非传统的方式表现自己，相当自由、开放	作家、演员、音乐家、摄影师、漫画家、导演、建筑师
社会型	喜欢与人合作，热情关心他人的幸福，愿意帮助别人成长或解决困难，为他人提供服务	服务社会与他人，公正，理解，平等，理想	人际交往能力，教导、医治、帮助他人等方面的技能，对他人表现出精神上的关爱，愿意担负社会责任	教师、社会工作者、心理咨询师、护士
企业型	喜欢领导和支配别人，通过领导、劝说他人或推销自己的观念、产品而达到个人或组织的目标，希望成就一番事业	经济和社会地位上的成功，忠诚，冒险精神，责任	说服他人或支配他人的能力，敢于承担风险，目标导向	律师、政治领袖、销售、项目经理、制片人、保险代理
常规型	喜欢固定的、有秩序的工作或活动，希望确切地了解工作的要求和标准，愿意在一个大的机构中处于从属地位，对文字、数据和事务进行细致有序的系统处理以达到特定的标准	准确，有条理，节俭，盈利	文书技巧，组织能力，听取并遵从指示的能力，能够按时完成工作并达到严格的标准，有组织、有计划	文字编辑、会计、银行柜员、簿记员、办公室人员、税务员和打字员

（三）大学生职业兴趣的培养

虽然职业兴趣一旦形成便在职业生涯中具有一定的稳定性，但根据实际需要，还是可以通过多种途径加上自己的努力去规划、改变、发展和培养的。培养职业兴趣可从以下几个方面努力。

1. 培养广泛的兴趣

对于具有广泛兴趣的人来说，他们在生活和工作中都显得更为灵活和多元。这种兴趣的广度使他们不仅对自己的专业领域保持着浓厚的热情，也对外部的新鲜事物抱有好奇心。他们善于将不同领域的知识和技能融合，创新地解决问题。在职业生涯的规划中，具有广泛兴趣的人通常有更多的选择余地。因为他们不仅限于自己的专业领域，还可以根据自己的兴趣和能力探索其他行业或领域，这样可以更好地发挥他们的长处和潜力。相反，兴趣范围狭窄的人可能会遭遇一些困难。他们会在面对新事物时感到困惑或不适，因为他们缺乏对其他领域的了解和兴趣。他们在遇到挑战时会缺乏多角度的思考和应对方法。这种局限性会导致他们在职业规划中受到更多的限制。

2. 重视培养间接兴趣

直接兴趣指的是对某一事物本身的喜好和追求。间接兴趣往往是对事物未来的潜在结果所产生的关注和兴奋。在很多情况下，人们在首次接触某个职业或行业时，由于对该领域知之甚少，很难产生直接的兴趣。这时，间接兴趣的培养变得尤为关键。因为间接兴趣可以作为桥梁，引导人们逐渐了解并深入该职业中，从而逐渐培养出直接兴趣。那么，如何培养这种间接兴趣呢？了解职业的社会意义和价值是非常有效的方法。例如，告诉一个年轻人，成为一名医生不仅能够获得稳定的收入，更能够在社会中发挥其价值，救死扶伤，这可能会激发他对医学的兴趣。此外，对某一职业发展前景和机会的了解也是重要的。许多人选择进入金融或技术领域，部分原因就是这些行业的前景广阔，有大量的机会等待他们去探索。

3. 培养中心兴趣

兴趣广泛并不意味着能在所有领域都取得卓越的成绩。兴趣虽然应该广泛，但不能只停留在表面。人们需要有一个中心的、集中的职业兴趣，这样才能确保自己在某一方面有所突破和成长。缺乏中心兴趣的人，往往会在职业生涯中变得心猿意马，没有明确的方向和目标，这样的生涯很容易变得浮躁和没有成就感。因此，大学生应该在广泛的兴趣中找到自己真正热爱的事物，将其培养为中心兴趣，以此为基础发展自己的职业生涯。

4. 积极参加职业实践

理论知识和实践经验是相辅相成的。大学生只有真正参与职业实践，才能真正理解和体验某一领域的内涵和要求。职业实践不仅能够增强他们对某一领域的了解，还能激发他们的职业兴趣。生产实习、社会调查、参观访问、组织兴趣小组等都是常见的职业实践形式。通过这些实践活动，大学生可以从实践中感受和了解各种职业，从而更好地确定自己的中心兴趣和职业方向。

5. 客观评价自己的能力以确定职业兴趣

兴趣是职业成功的动力，但能力则是成功的基石。在确定自己的职业兴趣时，大学生还需要客观地评价自己的能力，看自己是否真的适合某一领域。例如，一个人可能对音乐有很浓厚的兴趣，但如果他没有音乐天赋或没有进行音乐训练，那么这一兴趣很难转化为职业成功。

三、认知性格

（一）性格与职业发展

1. 性格与职业发展的关系

每个人都有着不同的做事方式，即形成每个人不同的做事习惯，这些不同的习惯也成就了每个人不同的性格。性格对职业的选择及职业生涯的成功有着重大的影响。

某些职业确实存在特定的性格要求。这种要求并不是随意的，而是基于这些职业的性质。例如，律师需要具备严密的逻辑思维能力和独立思考的能力。这样的性格有助于他们更加精确地分析法律问题、为客户提供更有力的辩护。同样地，财会、统计和档案这类职业要求员工细致、严谨，因为他们的工作涉及精确的数字和记录。另一方面，那些从事绘画、音乐和演艺等职业的人往往具有更加活跃和热情奔放的性格。这种性格有助于他们创作出更为新颖和引人入胜的作品。然而，这并不意味着某种特定的性格就只能选择某种特定的职业。事实上，大部分的职业对于性格的要求都相对宽松。这是因为即使在同一个职业领域，不同的性格也可能有各自独特的作用。例如，一位在销售行业工作的外向者可能更善于与客户建立关系，而一位内向者可能更擅长详细分析客户的需求。这就意味着，不同的性格在同一职业中都能获得成功。同样地，同一种性格在不同的职业中也可能发挥出不同的作用。例如，一个逻辑思维严密的人在律师行业可能更擅长进行法律分析，而在工程师行业则可能更擅长解决技术问题。

性格特征与职业生涯规划之间的联系非常紧密，所以大学生在规划职业生涯时需要先了解自身的性格特征。

2. 性格对职业发展的影响

（1）性格影响着一个人对职业的适应性。不同的职业对从业者的性格有着不同的要求。在某些职业中，某些性格特质是关键的，而在其他职业中则可能是次要的。例如，一个幼儿园教师需要拥有的不仅仅是教育技能，更需要耐心应对孩子们的种种问题，需要热情激发孩子们的学习兴趣，需要活泼好动跟上孩子们的步伐，而最重要的是，需要喜欢孩子，甚至保持一颗童心，这样才能更好地与他们沟通、理解他们。大学生在选择职业时，除了考虑工资、工作环境和职业发展等外部因素，更应该深入地思考自己的性格特质是否与这份工作相匹配。如果不匹配，即使其有着优秀的专业技能，也可能会在工作中感到不满和沮丧。

（2）认知性格有利于个人发展。认识自己的性格，有助于认清自己的优势和不足，提高自己的修养，克服自己的弱点，从而扬长补短，使自己不断完善，不断走向优秀。

（二）MBTI 性格理论

MBTI 是一种独特的心理性格评估工具，它的全称是 Myers-Briggs Type Indicator。[①] 与传统的心理评估方式不同，MBTI 是一个迫选型、自我报告式的评估方式，专门用来衡量和描述人们在各种生活情境下的心理活动规律和性格类型。

MBTI 的应用领域相当广泛。在职业发展方面，它可以帮助个体了解自己的性格特质，选择最适合自己的职业路径；在职业咨询中，MBTI 可以帮助顾问了解客户的性格类型，为他们提供更加个性化的建议和指导；在团队建设中，MBTI 被用来识别团队成员的性格差异，推动团队合作和提高团队效率；在婚姻教育中，夫妻可以通过 MBTI 更好地理解彼此的性格差异，促进双方的沟通和理解。

1.MBTI 性格理论的内容

MBTI 性格理论是对个人性格差异的一种深入而独特的描述。这一理论的核心在于理解人们如何与外界互动、如何处理信息、如何做决策，以及他们如何看待自己与周围的世界。MBTI 性格理论共包含四个维度，每个维度有两个方向（表 2-2）。

① 杨乐克．大学生生涯规划与自我管理 [M]. 北京：北京理工大学出版社，2020：36.

表2-2　MBTI维度解释

维　度	方　向		表　现
E-I维度	外倾：extroversion（E）	注意力和能量主要指向外部世界的人和事，从与他人的交往和行动中得到活力	关注外部环境；喜欢用谈话的方式进行沟通；通过谈话形成自己的意见；用实际操作或讨论的方式能学得最好；兴趣广泛；好与人交往，善于表达；先行动，后思考；在工作和人际关系中都很积极主动
E-I维度	内倾：introversion（I）	注意力和能量集中于自己的内心世界，从对思想、回忆和情感的反思中得到活力	关注自己的内心世界；更愿意用书面方式沟通；通过思考形成自己的意见；用思考、在头脑中“练习”的方式学得最好；兴趣专一；安静而显得内向；先思考，后行动；当情境或事件对他们具有重要意义时会采取主动
S-N维度	感觉：sensing（S）	用自己的感官来获取信息。喜欢收集实实在在的、确实已出现的信息。对于周围所发生的事件观察入微，特别关注现实	着眼于当前的实际情况；现实、具体；关注真实的、实际存在的事物；观察敏锐，并能记住细节；经过仔细周详的推理一步步得出结论；通过实际运用来理解抽象的思维和理论；相信自己的经验
S-N维度	直觉：intuition（N）	通过想象、无意识等超越感觉的方式来获取信息。喜欢看整个事件的全貌，关注事实之间的关联。想要抓住事件的模式，特别善于看到新的可能性	着眼于未来的可能；富于想象力和创造性；关注数据所代表的模式和意义；当细节与某一模式相关时才能够记得；靠直觉很快得出结论；希望在应用理论之前先能对其进行澄清；相信自己的灵感

续 表

维 度	方 向		表 现
T-F维度	思考：thinking（T）	通过分析某一行动或选择的逻辑后果来做出决定。会将自己从情境中分离出来，对事件的正反两方面进行客观的分析。从分析和确认事件中的错误并解决问题中获得活力。目标是找到一个能应用于所有相似情境的标准或原则	喜欢分析的；运用因果推理；以逻辑的方式解决问题；寻求一个合乎真理的客观标准；爱讲理的；可能显得不近人情；公平意味着每个人都能得到平等的待遇
	情感：feeling（F）	喜欢考虑对自己和他人来说什么是重要的。会在头脑中将自己放在情境所牵涉的所有人的位置上并试图理解别人的感受，然后在此基础上根据自己的价值判断做出决定。从对他人表示赞赏和支持中获得活力。目标是创造和谐的氛围，把每一个人都当作一个独特的个体来对待	善于体贴他人、感同身受；受个人价值观的引导；衡量决定对他人产生的后果和影响；寻求和谐的气氛和积极的人际交往；富于同情心；可能会显得心肠太软；公平意味着每个人都被作为独特的个体来对待
J-P维度	判断：judging（J）	喜欢将事情管理得井井有条，过一种有计划的、井然有序的生活。喜欢做出决定，完成后继续下面的工作。生活通常会比较有规划、有秩序，喜欢把事情敲定下来。照计划和日程办事对他们来说很重要。从完成任务中获得能量	有计划的；喜欢组织管理自己的生活；有系统，有计划；按部就班；喜欢制订短期和长期计划；喜欢把事情落实敲定；力图避免最后一分钟才做决定或完成任务的压力
	知觉：perceiving（P）	喜欢以一种灵活、自发的方式生活，更愿意体验和理解生活而不是控制它。详细的计划或最后决定会使他们感到被束缚。足智多谋，善于调节自己适应当前场合的需要，并从中获得能量	自发的；灵活；随意；开放；适应，改变方向；不喜欢把事情确定下来，以留有改变的可能性；最后一分钟的压力会使他们感到活力充沛

MBTI 评测为许多人提供了一个关于个性的有趣框架，但这个框架并不是绝对的。当 MBTI 显示某人为内倾时，它仅表示在大部分场合下，这个人更容易从内部世界获得能量，但这并不意味着这个人不能表现出外倾的特质。比如，右利手的人在日常生活中确实更习惯使用右手，但这并不表示左手就毫无价值。许多任务要求两只手协同工作，特别是在需要协调或平衡的活动中。在性格的层面，一个常表现为内倾的人可能更喜欢独自沉思，但在特定场合，如参与社交活动或与他人合作时，外倾的特质也会随之浮现。因此，MBTI 评测的结果仅是对个性的一种粗略描述，而非固定标签。

MBTI 性格理论的八个方面两两组合，可以组合成以下 16 种性格类型（表 2–3）。

表2–3　MBTI的性格类型与匹配职业

性格类型	性格特征	匹配职业类型
ISTJ	内倾感觉思考判断	稽查员
ISFJ	内倾感觉情感判断	社区服务人员
ISTP	内倾感觉思考知觉	操作者、演奏者
ISFP	内倾感觉情感知觉	作曲家、艺术家
INFJ	内倾直觉情感判断	咨询师
INFP	内倾直觉情感知觉	治疗师、导师
INTJ	内倾直觉思考判断	科学家
INTP	内倾直觉思考知觉	建筑师、设计师
ESTJ	外倾感觉思考判断	督导者
ESFJ	外倾感觉情感判断	供给者、销售员
ENFJ	外倾直觉情感判断	教师
ENFP	外倾直觉情感知觉	倡导者、激发者
ESTP	外倾感觉思考知觉	发起者、创设者
ESFP	外倾感觉情感知觉	表演者、演示者
ENTJ	外倾知觉思考判断	调度者
ENTP	外倾直觉思考知觉	企业家、发明家

2. MBTI 四种基本性格类型

MBTI 性格类型系统中有四种基本性格倾向组合，这四种组合如下。

（1）直觉 + 思考 = 理性者（NT）。这种性格类型的人凭借着出众的智慧、自信和想象力，往往走在求知和创新的前沿。他们心中有一个坚定不移的信念：所有的事情都应追求最优。这并不仅仅是对事物的完美追求，更多的是对自我和智慧的极致挖掘。每一次探寻、每一个疑问都源于他们与生俱来的好奇心，使他们在知识的海洋中不断探索，渴望了解更多。这种强烈的求知欲促使理性者具备从多角度看待问题的能力。他们不满足于表面的答案，而是深入探索，考虑各种可能性，并形成全面的判断。他们对于工作的态度是严肃的、标准化的，并对自己和他人都有很高的要求。这并不是说他们是不合群的，而是他们有自己独特的行事方式和标准。

自由度高、变化性强、需要高智商的工作场景，这些都是理性者所钟爱的。他们不满足于机械重复的工作，而是渴望能够将自己的想法付诸实践，创造价值。与之相伴的是，他们喜欢与同样有才华、有追求的人合作，这样的合作关系能够带给他们更多的灵感和挑战。

（2）感觉 + 知觉 = 艺术创造者（SP）。他们常常能够从周围环境中捕捉到细小的美感，并将这些转化为鼓舞人心的作品。他们对待生活和工作总是充满了感性和直觉，这使得他们成为一群独具慧眼的创作者。冒险对于他们来说是生活中不可或缺的部分。无论是尝试新的绘画技巧、挑战前所未有的音乐风格，还是探索世界的每一个角落，艺术创造者总是带着对未知的好奇心。他们生活在当下，每一个瞬间都是他们创作的灵感。当某个念头闪过，他们往往毫不犹豫地将其付诸实践，总是一气呵成，让每一个创意都得到最真实的体现。

对于工作，艺术创造者追求的是自由、变化和行动。他们厌倦单一和机械重复，渴望能够在工作中看到即时的成果。每当他们以巧妙和成功的方式完成任务，这都会为他们带来巨大的成就感。而这种成就感，往往来源于他们对于乐趣的追求。

（3）直觉 + 情感 = 理想主义者（NF）。他们不仅关心自己的内心，还关心与人交往中的真实情感和正直。这种对于真实的追求使得他们在日常生活中展现出真实自我，敢于面对真相，不容许自己和他人的虚伪和做作。在他们眼中，世界充满了哲理，每一个人、每一个事物、每一个故事都带有某种深远的意义。这使得理想主义者容易对人和事产生深厚的情感，他们善于倾听，乐于接受，总是为别人提供一个温暖的怀抱和无私的支持。同时，这也意味着他们容易将人和事理想化，有时这种理想化甚至会超过实际情况，导致他们对于某些事物的期待和现实之间存在差距。他们的内心世界丰富多彩，充满了对于生命意义的探索和对于完整性的追求。他们不仅有对于生命大义的思考，还有对于日常生活中各种矛盾和冲突的反思。理想主义者追求的不仅是一份工作，还是一种生活方式和价值观。他们不满足于简单的常规工作，而是渴望找到那些与他们的价值观相符、能够带给他们深层满足感的工作。他们倾向于加入那些促进人性价值、鼓励员工积极参与和发声的组织，因为在那里，他们可以找到自己的位置，实现自己的价值和意义。

（4）感觉 + 判断 = 护卫者（SJ）。当今世界充满了不确定性和变革，护卫者凭借其对事实和已经被证实的数据的信任，为人们带来了一份宁静与稳定。他们从经验中汲取智慧，相信五官带给他们的真实信息。他们追求有序、有结构，不喜欢变革和混乱。这并不意味着他们缺乏创造力或想象力，而是他们更加注重现实，关心如何在实际中实现目标和使事物有条不紊地进行。他们重视法律、规则和本分，坚信每个人都应该按照自己的位置去行动。这样的态度也意味着他们相信并尊重社会的等级制度和权威。这种稳健的思维模式使他们在处理各种问题时都显得沉稳、冷静、有条理。在工作中，护卫者表现出对待任务的认真态度，他们对自己有着严格的要求，并期望身边的人也能做到这一点。他们不喜欢半途而废，更不喜欢工作中的混乱和不确定性。这种对工作的执着和努力使他们在工作场合得到了高度的尊重。同时，护卫者也是深具责任感的人，他们相信每个人都应该为自己的行为负责，每一个决策、每一个动作都应该是经过深思熟虑的。

（三）完善职业性格

对大学生来说，完善职业性格的途径主要有以下几种。

1. 树立正确的职业价值观

只有明确自己在职场的目标和方向，才能为自己的职业生涯定下基调。职业价值观与一个人的职业道德、职业伦理密切相关。例如，一个有正确职业价值观的人会认为，工作不仅仅是为了挣钱，更是为了实现自己的价值、为社会做出贡献。这样的人在面对工作中的困难时更容易坚持下去，因为他们知道自己的努力有着更高远的目标。

2. 学习榜样，调适性格

那些已经取得成功的人，他们的经历、态度和方法都值得人们借鉴。这里所说的成功，并不仅仅指的是名利双收，更多的是他们对待工作的态度、对待困难的方式，以及他们如何与人合作、如何调整自己的性格来适应不同的工作环境。那些原本性格与职业不适应，但通过调整最终取得成功的人，更是值得人们学习。

3. 严格要求，提高素养

这需要大学生进行自我分析，深入了解自己的优点和缺点，然后设定目标，进行自我监督和自我教育。这样的过程并不容易，需要长时间的努力，并且需要强大的自制力来确保自己始终按照计划行事。

4. 积极实践，加强磨炼

只有在实践中，一个人才能真正地体验和感受到自己的职业性格是否适应某一职业。长期的实践和磨炼可以帮助一个人培养出自觉行动的习惯，从而使职业性格得到真正的完善。

四、认知能力

（一）能力与职业发展

1. 能力与职业发展的关系

（1）能力是职业选择的现实基础。无论是哪个行业、哪种专业都有其特定的能力要求。这种要求不仅仅是学历或经验，更多的是与工作相关的实际能力。例如，在财务行业，无论是会计、出纳还是统计，工作者都需要具备强大的计算能力；而对于工程师、建筑师和服装设计师这类职业，空间判断能力成为重要的评价标准。这些能力可能是与生俱来的，如某些人天生就有音乐天赋，或者经过长时间的训练和实践而获得的。但无论如何，能力都是确定一个人是否能够胜任某项工作的关键。

职业的多样性使得人们有更多的选择空间，但也带来了更大的挑战。因为不同的职业有不同的要求，如果缺乏必要的能力，很难在其中取得成功。职业能力是与工作任务直接相关的能力，它可以决定一个人是否能够完成工作，是否能够在职场中取得成功。所以，大学生在选择职业时，不仅要考虑兴趣和激情，更要考虑自己是否具备与之相关的能力。没有相应的能力，即使有再大的激情，也很难在职业中获得成功。

（2）能力与职业选择相匹配。不同的个体存在能力的差别，不同的职业也有不同的能力要求，因此，大学生在进行职业选择时，要充分考虑能力与职业是否匹配。一方面，要注意一般能力与职业之间的关系。一般能力是指那些多数职业共同要求的基本能力，如团队合作、沟通技巧、批判性思维等。这些能力具有通用性，无论是医生、律师还是教师，他们都需要具备这些基本技能。另一方面，还需要注意特殊能力与职业的关系。特殊能力可以看作为特定职业量身定制的，是该职业的专家或者高手所必须具备的。比如，一名音乐家需要对乐器和音乐有深入的了解和练习，而这种特殊能力对于一名会计来说可能并不重要。

大学生在选择职业时，不能好高骛远，或单从兴趣爱好出发。当然，对一项工作的热爱和激情是重要的，但这不能作为唯一的标准。大学生需要实事求是地检测自己的学识水平和职业能力，确保自己的能力与所选择的职业相匹配。这样才能找到一个真正适合自己、能够发挥自己长处的“用武之地”。

2. 能力对职业发展的影响

（1）能力是就业的关键。一个人要想在职场上取得成功并实现自己的职业理想，仅仅依靠学历或基础的文化知识是远远不够的。一个合格的员工，不仅要具备一定的科学文化知识和思想道德素质，还要有强大的职业能力。

随着社会的发展和科技的进步，就业形势日益严峻。企业和机构更加看重员工的综合素质和实际能力。如何在众多求职者中脱颖而出，如何确保自己在职场上长久地稳定发展，就成为每一个人都必须面对的问题。因此，职业能力成为决定一个人是否能够在职场上立足、是否能够在竞争中取得胜利的关键。在这个优胜劣汰的社会中，即使有再好的学历和背景，不具备一定的职业能力就很可能面临着失业的风险。而一旦失业，再次找到合适的工作将变得异常困难。

（2）能力推动职业生涯快速发展。在当今社会，能力不仅仅是技能和知识的累积，更是每个人职业生涯成功的基石。具有较强的能力不但是成功就业的敲门砖，还是保职、升职的有力保障。当一个人进入某个领域或企业时，他的能力将是他最显眼的标签。当然，很多时候，初入职场的人会依靠学历或者推荐来获得工作机会。但是，当真正进入工作状态，是他的职业能力决定了他是否能长期稳定地留在这个岗位。如果能力不足，即使暂时获得了岗位，也会因不能胜任而遭到淘汰。

具有较强能力的人在组织中更容易被注意和认可。他们通常会有更高的工作绩效，为组织带来更大的价值。因此，他们往往有更多的晋升机会。当组织需要拔擢新的领导，或者需要有人承担更多的责任时，具备高能力的员工总是首要的选择。

（二）能力的分类

以获得方式为依据，能力可分成两大类，一类是能力倾向，一类是技能。

1. 能力倾向

能力倾向是指上天赋予的特殊才能。在哈佛大学教育学教授霍华德·加德纳（Howard Gardner）看来，能力倾向（即潜能或智力）是多元的，是由同样重要的多种能力构成的，这就是多元智能理论。他指出，人类至少拥有七种智能，分别是言语－语言智力、逻辑－数理智力、视觉－空间智力、音乐－节奏智力、身体－动觉智力、交往－交流智力和自知－自省智力。[①] 这七种智能在每个人的智力结构中都有，且都很重要。尽管每个人都同时拥有这七种智能，但由于每个人天生的倾向和成长环境的差异，这些智能在不同的人身上会有不同的表现和组合。

2. 技能

技能是指经过后天学习和训练而培养的能力。

悉尼·法恩（Sidney Fine）和理查德·博尔斯（Richard Bolles）将技能分为以下三种类型。

（1）专业知识技能。这种知识技能是需要经过教育或培训才能获得的特殊知识或能力，可以理解为个体通过学习所掌握的特定知识领域。如果把知识比作信息，那么知识性技能就是将这些信息进行分类、加工和整合的能力。知识是静态的，它存在于书本、文章和教材中，等待人们去发掘。但知识性技能则是动态的，它是知识的实际应用，是将知识与实际经验结合，创造出新的价值。例如，一个学习过外语的人可能会

① 柳树森．全纳教育导论[M]．武汉：华中师范大学出版社，2007：111.

背诵大量的单词和句子，但只有当他真正沟通或写作时，才能证明自己真正掌握了这门语言。同样，掌握编程语言的人只有他们创建软件或解决实际问题时，才真正展示了其知识性技能。这种技能通常与个人的专业学习或工作内容直接相关，并需要经过有意识、专门的培训来获得。获取专业知识技能的途径多种多样，除了传统的课程学习，还包括课外培训、辅导班、专业会议、讲座和研讨会等。

专业知识技能大致可分为两大类：基础技能和专项技能。基础技能是从事任何专门职业所必须掌握的最基本的技能。正如其名，“基础”意味着它是其他所有技能的基石。如果没有这些技能，个体就难以在专业领域中获得真正的成就。基于基础技能的掌握，专项技能进一步提炼了个体在特定领域的专业能力。这种技能更加细致、深入，要求从业者在某一个或多个领域达到高超的水平。它是在基础技能上的进一步拓展和深化。

（2）自我管理技能。自我管理技能也被称作“适应性技能”，经常与个性品质联系在一起，用以描述或定义一个人具有的特定特征。例如，“仔细的”描述了一个人对细节的关注和对工作的专注度；“慷慨的”则表现出对他人的无私和大度；“欢快的”和“喜悦的”则代表了对生活的积极态度和乐观精神；而“聪明的”和“高尚的”则凸显了智慧和道德修养。这些品质都是自我管理的一部分，代表了一个人对自身行为和情感的控制和调节能力。生活中的非工作领域，如家庭、友情、爱好等，都是练习自我管理技能的好机会。这些在生活中习得的技能往往可以顺利地转移到工作领域，帮助大学生更好地面对职场中的挑战。

（3）可迁移技能。可迁移技能是指人们在某一领域获得的技能可以在另一个领域发挥作用。可迁移技能的最大特点是其“通用性”。这意味着这些技能不仅限于某一特定领域或场景，它们可以在多个领域中发挥作用。例如，沟通能力、批判性思维、解决问题的能力等都是典型的可迁移技能。

（三）职业能力的提升

1. 职业能力的形成与培养

（1）知识的学习。知识是构建职业能力的基石。新信息进入短时记忆，与长时记忆中的原有知识产生联系，融入一个复杂的命题网络，从而达到理解。在这个过程中，个体通过分类、归纳等内在同化手段，积累了大量的知识。而通过正确的记忆策略，这些知识被有效保存，并在需要时被调用，以解决实际问题。

（2）技能的学习。技能是知识的实践应用。技能的学习需要基于对程序性知识的掌握。从初始的感性认识，到模仿，再到通过实践反馈逐步精炼，技能从未知走向了熟悉，直至自动化和定型。一个学生可以知道如何进行某项任务，但只有经过反复的练习，他才能熟练地执行。

（3）态度的培养。态度影响人们对事物的看法和反应。一个正向的态度可以驱使大学生更加投入地学习和实践，而一个消极的态度可能导致他们放弃和逃避。态度的形成是社会化的过程，在家庭、学校、社会等多个背景中，大学生通过与他人的互动、观察和反思，可以逐步形成对职业的态度，并持续调整。

（4）知识、技能、态度的内化迁移与整合。有了知识、技能和态度并不意味着职业能力已经形成。真正的职业能力需要将这三者融合并实践于特定的职业活动或模拟的职业情境中。知识需要与技能结合，再辅之以正确的态度，形成一种可以应对实际工作场景的能力。只有经过这种综合的训练，学生才能真正具备职业能力。

2. 提高能力的途径

（1）课内学习。主动参与课堂教学是提高专业能力的关键。学生在课堂上不应该仅仅是听课，更需要深入参与，如加入课堂讨论、完成口头和书面练习，或者进行模仿和创新的实际操作。这样的参与不仅能够让学生更好地理解和消化知识，还能培养他们的思维方式和习惯。知识本身有其独特的魅力，只有深入其中，学生才能真正感受到这种美，并在此过程中提升自己的能力。

（2）课外培养。学生们所追求的知识，已经不仅是课堂教材里的内容。在当前这个日新月异的社会中，实际工作的需求往往超出了课堂的教育。因此，将技能的提高与实践活动紧密结合，不仅有助于深入理解学术理论，还可以培养解决实际问题的能力。互联网为当代学生提供了前所未有的学习资源，无论是公开的在线课程、学术讲座还是各种教育平台，学生都可以根据自己的需求和兴趣选择适合的学习内容；课外活动作为“第二课堂”，为学生提供了另一种学习和成长的机会。不同于传统的课堂教学，课外活动更注重实践和体验。学生可以在学术讨论、读书报告、演讲、朗诵、写作和书法等活动中拓宽视野，锻炼能力。课外活动可以帮助学生将理论知识与实践相结合，深入了解专业领域的前沿发展，培养发现问题和解决问题的能力。例如，参与专业技能大赛，可以帮助学生检验自己的学习成果，锻炼团队合作和沟通协调的能力；参与教师的科研项目，可以使学生更深入地了解专业领域的研究方向和研究方法，锻炼科研能力。

提高大学生技能的课外途径主要有积极争取和充分利用各种实习机会，选择与职业目标相对应的行业及岗位实习；积极参加社会实践活动，参与专业技能大赛、教师的科研项目等活动；参加职业技能培训。

第二节　当代大学生的职业认知

一、职业认知的内涵

职业认知指的是对职业、职员和团体的认识。它关乎员工的职业视野、价值观和职业规划，更直接关系到企业的整体效益与团队氛围。在当下日益激烈的职场竞争中，有着明确和健康的职业认知的员工更容易发挥出较佳的工作效果，而对于企业来说，培养员工的职业认知也是一个迫切的需要。

（一）职业认知的意义

职业认知在当今高等教育中越发被人们重视。它不仅关乎学生的职业选择与职业规划，还涉及大学生的学习动力、效率和对未来的期待。在众多大学生中，能够清晰地认知自己所学专业将来的职业方向和具体职业情况的同学往往展现出更强的学习动力和积极态度。他们知道自己为什么而学，也知道学习的每一项技能在未来职业中的应用。这种对职业的深入了解和认知使得他们在学习中能够根据重要性和紧迫性有序安排，事半功倍地掌握必要技能。因此，他们不仅学习效率高，而且在求职市场上也往往能够展现出出类拔萃的能力，有着更明确的求职目标。与这部分同学形成鲜明对比的是那些职业方向模糊、对专业与未来职业的相关性不清晰的同学。他们在大学四年里可能常常对所学内容的实用性和价值产生怀疑，不知道自己为何而学，对未来也感到迷茫。由于缺乏对未来职业的清晰认知，这部分同学在学习中往往缺乏动力和方向，甚至会走很多弯路。他们在面临毕业和求职时，由于缺乏对自己竞争力的准确评估，会感到手足无措，不知从何开始。这样看来，职业认知不仅仅是对未来工作的一种了解，更是大学生学习动力的源泉，是他们规划未来的重要工具。

（二）职业认知的方法

大学生在了解职业时可采取以下几种方法。

1. 查阅

查阅是了解职业信息的初步阶段。在数字时代，大多数信息都可以在网络上找到。例如，大学生可以访问某一公司的官方网站，查看工作职责、资格要求等信息；也可以查找相关书籍和期刊，了解该职业的历史背景、未来趋势等。查阅方法的优点是方便、快捷，但其局限性在于所获得的信息可能不够深入和全面。

2. 参观

参观可以使大学生亲身体验工作环境。它让学生从现场观察中了解职业的真实情况，如工作流程、员工互动方式等。参观的优点在于能为学生提供直观的感受，但由于时间和场地的限制，参观可能只能提供表面的信息。

3. 讨论

通过讨论，大学生可以分享自己的研究成果和看法，从中获得他人的反馈和建议。这种方法的优势在于可以获得多种视角，补充自己的认知盲点。但讨论的局限性在于，讨论的结果可能受到参与者认知水平和经验的限制。

4. 访谈

与相关的从业人员进行访谈是了解职业的重要方法。与实际从业者交流可以获得一手的工作经验和感受，使了解更为真实和深入。但访谈的结果可能受到受访者的主观性影响，需要加以筛选和判断。

5. 实习

实习是大学生了解职业最为深入的方法。通过在职场中的实际操作和实践，学生不仅可以了解职业的工作内容和要求，还可以体验工作环境和氛围，与同事建立关系，感受职业的真实影响。实习的优点在于能够为学生提供全面的职业体验，但其局限性在于可能需要较长的时间和较大的投入。

二、大学专业与职业的关系

（一）专业的含义与选择

专业是指高等院校或中等职业院校根据学科分类或者生产分工把学

业分成的门类。专业的设计和确定不是一个简单的过程，而是基于社会、经济和技术进步的需要。

如何正确选择专业是每个大学生人生道路上非常关键的一步。然而，面对诸多的学科与专业，很多大学生对于专业的选择是草率的，造成这种非理性选择的原因有以下两点。

第一，许多大学生选择专业是基于一时的感觉。有些人认为看上去体面、时尚的专业就是热门的专业。这种对“热门”定义的误解来自对当前流行趋势的迷恋，或者社会对某些职业的过度迷恋。另外，大部分人往往盲目地从众、随大溜，深信大多数人的选择总是正确的。这是一种集体心理，认为“大家都这么选择，我怎么可能错呢？”，但从众并不总是最佳策略。

第二，有些大学生对选择的专业对应的职业类别以及相关职业的就业形势并不了解。选择专业不仅仅是选择学习的内容，更是选择一个未来可能投身的职业方向。不了解相关的职业就业形势就选择专业是非常危险的。事实上，有些同学只是听说某专业前景好，或被一些表面现象吸引，然后武断地做出决策。他们在深入学习时，会发现自己对这个领域并不热情，或者这个专业的真正内容与他们原先的想象大相径庭。所谓的“热门专业”与“冷门专业”实际上都是相对的概念。随着社会主义经济建设的快速发展，各行各业都在急切地寻找各种专门人才。因为这种对人才的需求变化，才导致了专业的冷热之分。但这种热门、冷门的划分是变化的。现今的热门专业可能在未来变得饱和。同时，那些现在看似冷门，但专业性强、就业面窄的专业，可能因为社会的急切需求而成为真正的“热门”。

学生在选择专业时应当根据自己的兴趣爱好，依据自己的高考成绩，联系自己的实际，综合各方面的因素，选择适合自己和有利于自己发展的专业。选择专业是一个需要深思熟虑的过程。学生只有结合自己的实际，理性地分析，才能做出符合自己兴趣和未来发展的选择，并在未来的学习和工作中获得真正的成就感和体现自身的价值。

（二）专业与职业发展的关系

职业是人们从事的专门业务。要进入一个特定的职业领域并在其中取得成功，必须有一定的专业知识、技能和道德观念。在当今时代，由于科技的飞速发展和社会的不断进步，劳动的专业化水平已经达到了前所未有的高度。在专业化的背景下，职业的专业性也日趋强化。不同的职业需要不同的知识、技能、素质，而不同的知识和技能则是专业的主要内容。职业与专业之间并不总是存在明确的一对一的关系。事实上，这种关系可以是多种多样的，包括一对一、一对多和多对一等。

1. 一对一

一个专业只对应一个职业目标，这样的模型大多出现在中职或高职学校。这类教育机构培养的往往是专业技术人员，他们对技术的掌握与应用是独一无二的。这种情况的好处在于选择的路径非常明确。一旦选择了专业，学生就已经确定了自己的未来方向，不必再为选择职业目标而烦恼。这种明确性有时可以使学生更早地开始专业学习，更加有针对性地进行职业规划，以较低的成本达到自己的目标。

2. 一对多

普通高校往往采用一对多的模式，即一个专业可对应多个职业目标。大多数的大学专业都采用这种模式，提供宽口径、厚基础的教育，让学生有更广阔的发展空间。但这也意味着学生需要对未来有更清晰的规划，因为选择的职业不止一个。在这种模式下，学生很容易陷入被动态势，可能在未来的某个时刻，他们会感到迷茫，不知所措。然而，正因为有这样的多种选择，学生可以从被动中找到出路，根据自己的兴趣和能力选择合适的职业方向。因此，大学新生要抓住这一关键时机，从被动走向主动，为自己的未来打下坚实的基础。

3. 多对一

多对一是另一种常见的关系，多种专业可对应一个职业。例如，无论是文学、新闻、广告还是传媒专业的学生，都可能成为新闻记者。政府公务员、营销主管、企业管理者等职业也可能从不同的专业中涌现出来。这种关系为学生提供了更多的可能性，他们可以根据自己的兴趣选择不同的专业，但都可以进入相同的职业领域。这为他们提供了更大的发展空间，但也需要他们有更强的竞争意识和专业技能。

三、职业的特点与类型

（一）职业的特点

职业是个人在社会中所从事的作为主要生活来源的工作，职业具有如下特征。

1. 社会性

在复杂的社会体系中，每一个职业都承担了某种社会功能，是社会分工的必然产物。从古代的士、农、工、商四大行业，到今天的众多专业领域，每一个职业都是基于社会需求和生产力发展而产生的。

2. 经济性

职业首先是为了满足个体的经济需求。工作不仅仅是为了实现自我价值，更是为了获取经济回报，维持自己和家庭的生活。这种经济性是职业的基础。正因为有了工作，个体可以通过自己的努力，获取与其劳动相对应的回报，保障家庭的稳定和社会的和谐。

3. 专业性

每一个职业都有其特定的知识和技能要求。一个医生需要学习多年医学知识，一个律师需要对法律有深入的理解。专业性保证了职业的高质量和专业标准，也是区分职业与简单劳动的主要标志。

4. 稳定性

虽然职业在长时期内相对稳定，但它也会随着社会形态和科技进步而变化。例如，随着自动化和数字化的发展，一些传统职业已经逐渐消失，而新的职业又应运而生。这种变革是社会发展的必然现象，但总的来说，职业的本质——为社会提供服务，满足人们需求——是不变的。

5. 群体性

职业往往与一群从业者关联在一起，这些从业者因为长时间的共同工作和经验累积，会形成共同的语言、习惯和文化。这种文化不仅体现在专业技能上，还体现在他们的价值观、工作态度和人际交往中。群体性使得从业者在社会中形成了一个相对稳定的社群，有助于他们在面对职业挑战时获得支持和帮助。

6. 规范性

每一个职业都有一套规范和道德标准。无论是医生的医德、律师的职业操守，还是教师的教育原则，这些规范都是为了确保职业行为的正当性和公正性。它不仅限制了职业行为的界限，还为职业活动提供了道德指导。

（二）职业的类型

为了使人们能更好地选择和发展职业，社会根据工作的性质将职业进行了系统的划分和归类。这种分类主要基于工作的本质和特点。但是，只了解职业的分类是不够的。为了在职场上成功，大学生还需要了解各种与职业相关的信息。这种信息被称为职业信息，包括国家和地区的劳动与就业法规、经济政治形势，行业和地区的发展趋势、就业情况以及职位的供需关系。这些信息为人们提供了宝贵的指导，帮助他们做出明智的职业决策。

《中华人民共和国职业分类大典》将我国社会职业归为 8 个大类：第一大类，国家机关、党群组织、企业、事业单位负责人；第二大类，专业技术人员；第三大类，办事人员和有关人员；第四大类，商业、服务业人员；第五大类，农、林、牧、渔、水利业生产人员；第六大类，生产运输设备操作人员及有关人员；第七大类，军人；第八大类，特殊职业的其他从业人员。①

四、职业信息的收集与整合

求职者在求职过程中往往需要从不同渠道获取各种职业信息。这些信息源头丰富多样，包括但不限于线上招聘平台、社交网络、行业论坛、招聘会、企业网站以及人际关系网络等。由于信息源的多样性，一些信息很可能相互重叠，提供同样的内容；而另一些信息则可能提供互补的、特定的或者独特的内容，帮助求职者更全面地了解某个职位或企业。尽管信息丰富，但求职者在搜集职业信息时面临一个挑战，那就是如何有效率地筛选和使用这些信息。毕竟，求职者不可能把所有来源的信息都一一核实和深入研究。这就涉及成本效益的问题。过多的时间和精力投入于不必要的信息收集，会导致求职过程的效率降低，甚至可能错过一些真正的好机会。所以，大学生在搜集职业信息的过程中，应遵循人职匹配理论，根据个性特征搜寻最适合自己的职业信息。这样不仅能增大求职成功的概率，也能减少不必要的成本浪费。

（一）职业信息的作用

1. 有利于更好地掌握和运用就业政策。

在当前环境下，国家和各地针对高校毕业生的就业问题都已经出台了相应的政策。这些政策旨在为毕业生提供更多的就业机会和更好的创业环境。因此，对于毕业生而言，深入学习、掌握并积极运用这些政策，将有助于他们为未来的职业生涯规划打下坚实的基础。

① 程龙泉．职业能力培养与就业指导[M]．北京：北京理工大学出版社，2017：69.

2.有利于了解和融入人才市场

当学生能够尽早地洞悉人才市场的趋势和需求时，他们可以更加明确自己的职业方向，从而为自己的学习和发展制订更为明确的计划。

3.为职业生涯决策提供依据

职业生涯的选择和规划都需要在充分的信息基础上进行。只有当学生能够获取充足和准确的职业信息时，他们才能做出明智的决策，从而为自己的未来职业生涯选择一条更为明朗的道路。

（二）收集职业信息的原则

1.准确性、真实性原则

职业信息如果不是真实和准确的，那么其价值就会大打折扣，甚至可能对求职者造成不良影响。比如说，一个职位的描述若是虚假的，就会吸引不合适的应聘者，导致双方的时间和资源浪费。更糟糕的是，如果一个求职者基于错误的信息做出了职业选择，那么这可能会对其职业生涯造成长远的伤害。

2.主动性、及时性原则

如今的就业市场，特别是对大学毕业生来说，竞争是异常激烈的。那些坐等机会、抱着侥幸心理的人很可能会错过最好的机会。相反，那些主动出击，不断搜集、更新职业信息的毕业生更有可能找到理想的工作。此外，职业信息具有很强的时效性。随着时间的推移，某些职位可能已经被其他求职者抢先一步。或者，某些行业的发展趋势和需要可能发生了变化。如果毕业生不能及时掌握这些信息，他们就会错过与自己匹配的职业机会。

3.适用性、针对性原则

在职业信息泛滥的环境下，大学毕业生会因为缺乏明确的方向而感到迷茫。如果不注重信息的适用性和针对性，他们很容易被不相关的信息淹没。因此，毕业生在搜集信息之前首先要对自己进行客观评估，包括明确自己的专业特长、能力、性格和健康状况等，这样可以确保搜集到的职业信息与自己真正的需求和能力相匹配。

4. 广泛性、连续性原则

搜集职业信息不应局限于某一特定领域或途径，而应该从多个角度和层次获取。这样做的好处是，毕业生可以获得更广泛的选择范围，从而更容易找到真正适合自己的工作机会。同时，仅仅一次性地搜集信息是不够的。毕业生还需要持续关注职业信息的变化，以确保自己不会错过可能的机会或者变动。

5. 计划性、条理性原则

计划性、条理性原则强调在搜集职业信息时，大学生要有明确的计划和步骤，不要被动地等待信息的到来，而应主动出击，制订翔实的计划，明确搜集信息的目标和方法。只有有了明确的计划并条理清晰地执行，大学生才能在众多的职业信息中找到真正适合自己的信息。

6. 选择性、重点性原则

随着信息技术的迅速发展，人们能够接触到的职业信息日益丰富。无论是通过网络平台、职业中介，还是通过各种职业培训课程，信息量之大令人目不暇接。对于即将步入社会的毕业生来说，这无疑是一把双刃剑。正确地利用这些信息可以为他们的职业生涯铺就坦途，但如果处理不当可能陷入信息的泥潭中难以自拔。这就要求毕业生在搜集信息前一定要审时度势，从自己的实际情况出发，有选择、有重点地进行职业信息的搜集与整理。

7. 整合性原则

大学生需要先对过时和虚假的信息剔除；对信息进行分类，提取与自己专业和兴趣相关的部分；按照信息的重要性进行排序，其中的判断标准是“是否适合自己”；整合了所有的信息，并确定了自己的目标后，就需要进行对照检查，看看自己是否具备应聘这个职位的条件，如果发现自己在某些方面有所欠缺，就需要及时调整，不断地充实和完善自己的知识和技能；当需求信息被选定后，要尽快与用人单位的主管人员取得联系，询问应聘的具体方式、时间、地点和要求，并递交完整的求职材料。

（三）收集职业信息的渠道

1.学校职业指导部门

为了更好地帮助学生实现从学校到社会的顺利过渡，很多高等院校都设立了专门的职业指导部门。这个部门主要有两大功能：第一个功能是开展职业指导，为学生提供职业生涯咨询。当许多大学生面对将来的职业之路时，他们可能感到迷茫和不确定，不知道自己的兴趣点在哪里，不清楚哪种职业和自己匹配。职业指导中心通过专门的职业指导课程和职业生涯规划咨询，可以帮助学生认识自己，发现自己的潜在能力和兴趣所在，为他们提供一个思考和选择未来职业方向的平台。第二个功能是提供职业服务。为了确保学生能够顺利进入就业市场，职业指导中心会积极建立一个完善的网络，包括与企业、机构、中央和地方政府的联系。通过举办校园招聘活动，职业指导中心为学生和雇主提供了一个直接的交流平台，使双方都能够更清晰地了解彼此的需求。同时，职业指导中心会为毕业生提供与企业的联系机会，推荐合适的岗位，助力他们更快地找到满意的工作。在这一过程中，职业指导中心还与各级政府部门保持紧密的联系，及时获取关于职业政策和用人单位的需求信息等，确保学生能够在一个宽广、多元的信息平台上找到心仪的工作。

通过职业指导中心或教学部门获得的职业信息有以下几个特点。

（1）时效性强。学校通常会在第一时间通过校园网络、邮件或电话等方式发布最新的职业信息，确保学生能够在最短的时间内得到相关的通知和建议。

（2）针对性强。学校提供的职业信息，往往是针对该校的应届毕业生的。用人单位会根据学校的教学质量、专业设置和学生的素质向学校发送用人需求信息。这种信息的传递和交流使得学校和用人单位之间能够达成一致，确保学生的择业需求和用人单位的人才需求能够匹配。

（3）可信度高。学校的职业指导部门通常有着严格的审核程序。当用人单位传递用人需求信息时，这些部门会对职业信息进行仔细的审核和确认，确保信息的真实性和准确性。这种审核机制能够有效地过滤掉虚假信息，保护学生免受欺骗。

（4）成功率高。因为这些职业信息时效性强、针对性强且可信度高，所以学生在获得这些信息后，如果能够把握时机并不断调整自己，那么他们找到合适工作的成功率也会很高。相较于其他来源的职业信息，学校提供的信息更能帮助学生找到与自己匹配的工作机会。

2. 网络求职

随着科技的发展和互联网的日益普及，网络求职已经成为许多现代人，尤其是大学生的首选途径。与传统的求职方式相比，网络求职不仅方便快捷，而且涵盖的信息量巨大，可以说是应届毕业生在就业市场上得天独厚的优势。但是，与此同时，大学生在网络求职过程中也需要注意以下问题。

（1）计算机病毒的盛行使得很多用人单位都不愿意打开电子邮件的附件。因此，应聘者应当将简历直接放在邮件正文中，避免使用附件形式。此外，邮件内容应简洁明了，避免冗长，让招聘者一目了然，从而增加被阅读和回复的可能性。

（2）虽然互联网提供了丰富的职位信息，但应聘者应该有针对性地进行求职。在确定自己的职业目标后，如求职单位、职位和期望薪酬等，应聘者应专心向自己中意的单位发送求职信，而不是盲目地投递简历，这样不仅可以提高求职的效率，还可以增加求职的成功率。

（3）在求职过程中，应聘者应聘多个职位可能会被用人单位视为缺乏专长和方向感，从而降低应聘成功的机会。人事部门更喜欢那些对某一职位有浓厚兴趣的应聘者，因此，应聘者应专注于某一特定职位，以展现自己的决心和专业性。

（4）网络求职的最大弊端是其缺乏面对面的交流。文字和照片无法完全展现一个人的气质和能力，也不具备面对面交流的互动性和感染力。因此，应聘者在从网络获得职业信息并发送求职材料后，应积极寻求与用人单位面对面交流的机会。

3. 人才招聘会

为做好每年的毕业生就业工作，各地方、各行业以及各高校都要举办规模不等的毕业生就业招聘会。这些招聘会针对性很强，所容纳的毕业生需求信息也非常大，毕业生应珍惜并抓住这些机遇。

4. 社会关系

毕业生在寻找职业机会时，家人、亲戚、同学、校友以及朋友等都可成为自己的得力助手。这些亲近的人通常都愿意分享他们所知的职业信息或者推荐某个工作岗位。在职业发展的道路上，信任和人脉网络的建立显得尤为关键。当招聘单位面对无数的陌生求职者时，那些获得内部推荐的人往往更容易受到关注。这并不意味着其他没有被推荐的求职者不够出色，而是因为推荐为他们带来了一种信任的标识，让他们在众多求职者中脱颖而出。

（四）职业信息的分析

大学生初步收集到的信息常常是粗糙和杂乱的，充满了真真假假的内容。如果没有经过深入的分析和筛选，这些信息反而可能会误导他们，使其在职业选择上迷失方向。所谓的信息分析，实际上是一种筛选和提炼的过程。它要求大学生对收集到的职业信息进行去粗取精、去伪存真的操作，剔除那些不准确、不相关或误导性的信息，保留那些真实、有价值的内容。

大学生在对职业信息进行分析时，可从以下三方面入手。

1. 真实性分析

考虑到招聘市场中可能存在的虚假或误导信息，确认所提供的职业信息是否真实和有效变得尤为重要。这涉及验证用人单位的真实性、合法性和招聘广告中提到的薪资、工作环境等承诺是否可靠。这样的确认不应仅仅依赖公开信息，而应直接与信息发布者、相关主管部门或合作单位进行沟通。

2. 匹配性分析

匹配性分析要求求职的大学生从大量的职业信息中筛选出他们较为偏好的用人单位，并深入研究这些单位列出的招聘条件和岗位要求。随后，大学生需要将这些信息与自己的技能、经验和资质进行对比，以确定两者之间的匹配度。通过对比自身条件与招聘单位的需求，大学生可以了解自己在哪些方面与招聘标准匹配，以及在哪些方面需要进一步提高。

3. 竞争性分析

一份职业背后隐藏的竞争压力，反映了求职者之间的激烈竞争，尤其是在热门专业中。每一份工作的竞争程度，与其计划招聘的人数及应聘的总人数息息相关。选择职业不应仅仅基于高薪资和发展前景。这样的选择会导致竞争异常激烈，因此淘汰率也会相应提高。过分追求理想中的“最好”会使人陷入现实中的困境，甚至陷入“一厢情愿”的局面。为了避免这种尴尬的境地，求职者在选择职位时需要进行全面而深入的竞争性分析。

（1）自我评估。求职者需要认真评估自己的专业特长、学业成绩以及综合素质能力。这可以帮助求职者确定自己在应聘该职位时的竞争优势。

（2）了解竞争者。观察应聘同一职位的人数，有助于估计此职位的竞争程度。数目越多，竞争自然越激烈。

（3）研究单位声誉。求职者可以深入了解其他大学生对招聘单位的评价。单位的声誉如何，对求职者来说是一个不可忽视的参考因素。喜欢这个单位的人越多，应聘者人数也越多，成功的概率自然就越小。

（4）关注招聘细节。求职者除了了解应聘者的总数，还需要注意招聘单位计划招收的人数。这会给求职者一个明确的招聘名额的预期，帮助他们调整自己的策略。

（五）职业信息的运用

对职业信息进行收集、分析、筛选、归类的最终目的是更好地利用这些职业信息，找到理想的职业目标。职业信息的运用包括以下几点。

1. 了解目标单位信息

毕业生发现中意的职业目标时，应全面了解招聘单位的各种信息，从而确保信息的真实性，同时在面试中留下良好的第一印象。需要了解的信息包括单位的全称、所有制性质、工作环境、对大学生的要求、职位在单位中的地位、地理位置、是否得到工商部门的认可、业务内容、知名度、发展前景、晋升和学习机会、管理体制、员工评价、工作强度及福利等情况。

2. 灵活运用职业信息

面对职业信息，毕业生不应只看自己的条件是否完全符合招聘条件，而应冷静分析自己的优势，灵活对待职业信息，不因某个次要条件而放弃。毕业生应相信自己的能力，努力尝试可能会有意外的收获。

3. 共同分享职业信息

由于每个人的兴趣和价值观不同，某些职业信息对某人可能没价值，但对别人很有用。所以，毕业生应当与他人分享这些信息。毕业生与同学分享信息，也在为自己建立一个互助的网络。当别人获得有价值的信息时，他们很可能会回报信息提供者的好意，与其分享自己的信息。这样，每个人都可以从这个信息共享网络中受益，获取更多的机会。

第三章　大学生职业规划设计

第一节　大学生职业规划设计的内涵

一、合理制定职业规划

科学合理地制定职业规划是为了确保个人的发展和职业成功。在这个不断变化的世界中，每个人都在努力寻找属于自己的职业路径，希望通过自己的努力，找到一个既可以实现梦想又可以得到稳定收入的工作。但要实现这样的目标，仅拥有一个梦想是远远不够的，还需要具体的策略和计划。大学生首先要找到那个可以为之付出全部努力和热情的目标。有了这个目标就有了前进的方向和动力。通往成功的路上，总会遇到各种各样的障碍，可能是缺乏某种必要的技能，可能是市场的变化，也可能是外部环境的挑战。对于这些障碍，大学生要客观、理智地进行分析，明确自己所面临的问题和挑战，并为之制定解决方案。除此之外，制定阶段性目标是确保自己在正确道路上持续前进的关键。这些阶段性目标可以是短期的，也可以是长期的，但最重要的是，它们都应该是明确的、可衡量的。通过实现这些阶段性目标，大学生可以不断地检查自己的进展，确保自己在正确的方向上。

在当今这个技术迅速发展的时代，技能的更新速度也越来越快。为了确保自己始终站在职业发展的前沿，大学生需要定期、不定期地更新自己的技能和知识，保持与时俱进。

二、职业规划的误区

（一）不重视职业规划

职业规划对于大学生而言，是一个极为重要的过程。但许多大学生并没有重视它。他们错误地认为，职业规划是一个需要在开始工作后才进行的项目。这种对职业规划的盲目态度意味着许多大学生在毕业后都需要经历一个长期的试错过程，频繁地更换工作才能找到自己真正热爱并适合的职业方向。事实上，当今社会，随着经济和技术的快速发展，人才市场上的岗位和需求也在不断地变化。大学生若缺乏对未来职业的明确规划，很可能会在众多的职业机会中迷失方向，难以确定自己的方向和目标。

许多高校已经意识到了这一问题，并尝试通过开展职业规划指导和就业指导活动帮助学生。但是，现实中的执行情况并不尽如人意。很多的职业指导课程过于理论化，与实际的社会需求脱节，学生很难将所学内容与自己实际的情况相结合。这种“临阵磨枪”的指导方式，使得职业规划的价值被大大降低。

此外，目前的大多数高校将就业指导与职业规划混为一谈。这种做法忽略了两者之间的本质区别。就业指导更多地关注的是如何帮助学生在短期内找到工作，而职业规划则是一个长远的、涉及学生未来职业发展的系统性规划。简单地将两者混为一谈，会导致学生对职业规划的理解产生误区。

（二）不知变通

对于许多大学生而言，职业规划是一个严肃的过程，他们希望能够找到一个完美的规划，从而实现“一次规划，终身受益”。这种追求理想中“最佳规划”的心态，使得他们花费大量的时间和精力在这一过程中，而忽视了实际情况中的种种变数和可能性。但实际上，职业规划并不是一成不变的。它受到许多外部和内部因素的影响，如经济形势的变化、行业趋势、个人价值观的转变以及自身能力和经验的累积。这些因素都可能导致初步制定的规划不再适应现实的情况，需要进行调整。所以，固守一个初步的规划，而不根据实际情况进行灵活调整，不仅不实际，而且会导致大学生错过更好的职业机会。

（三）不切实际

与那些没有规划意识的大学生相对，还有一部分学生过于“谨慎”，他们试图规划多条发展路径。这种方法乍看之下好像为自己提供了多种选择，从而保证无论外部环境如何变化，总有一个备用的方案可以依赖。但实际上，这种“多条路径”的规划往往是适得其反的。规划多条发展路径很容易导致各条路径之间缺乏内在的联系。这样的规划方式使得大学生需要在多个完全不同的领域中准备，导致精力分散，难以专心致志地深入某一个领域。再者，由于要考虑多种可能性，这种规划很容易导致各条路径的发展方向都变得模糊不清。当真正面对职业选择时，大学生可能会因为不确定哪条路径更为合适而犹豫不决。这种犹豫不决浪费了宝贵的时间，也会使得他们错失一些重要的职业机会。

（四）观念误区

许多大学生在职业规划方面仍然存在不少误区，这些误区会对他们的职业生涯发展产生不良影响。

第一，许多大学生认为高学历就代表高能力，从而意味着能获得高收入。这使得他们过多地关注提升学历，而忽视了自身实际能力的培养。学历虽然在某种程度上能反映个人的知识水平，但并不等同于综合能力。在职场上，除了专业知识外，沟通、团队合作、创新思维等综合技能同样重要，甚至在某些情境中更为关键。

第二，大学生往往错误地把职业规划与职业目标和学习计划画等号。职业目标的确需要知识的积累，但更关键的是综合技能的提升。单纯地制定学习计划并不能全面地应对职场的各种挑战。

第三，尽管许多大学生都能制定自己的职业规划，但在实际执行时却存在困难。他们没有将行动与规划真正统一，导致职业规划变得空泛。更糟糕的是，当规划出现偏差时，很少有学生会采取补救措施，从而使规划失去了其应有的指导作用。

第四，有些大学生为了省事，往往盲目地选择借鉴其他人，特别是高年级学生的职业规划。他们没有认识到每个人都是独特的，无法简单地复制他人的经验。每个人在性格、特长、学识、技能等各个方面都有所不同，因此职业规划也应当根据个人特点进行制定。

第五，很多大学生不能做到全面而客观的自我分析。有些人倾向于高估自己的能力，而有些人则过于看重自己的不足。这些都是不利于职业发展的。

第六，对于外部的职业信息，大学生往往缺乏明确的认识。仅仅依赖网络等间接渠道是很难真正了解职场的实际情况的。职业规划是动态的，需要根据外部信息的变化进行不断地调整和更新。

第二节　大学生职业规划设计的方法与流程

一、大学生职业规划设计的方法

（一）PPDF 法

PPDF 的英文全称是 personal performance development file，中文意思是个人职业表现发展档案。PPDF 作为一种持续性的参考，为大学生提供了一个全面的、客观的自我反思平台。通过这样的自我反思，大学生可以更好地认识自己的长处和短处，更明确地知道自己过去取得了哪些成就，以及自己的职业生涯中还有哪些潜在的发展空间。同时，管理者也可以通过 PPDF 更加了解下属的工作经历、技能和成就，为其提供更为个性化和精准的职业指导和支持。

PPDF 法包含以下几个方面内容。

1.个人情况

大学生要详细地了解自己的个人情况，包括自己的简历、教育背景、学历情况、培训经历和工作经历。例如，大学生可以列出自己在大学参加的各种社团活动、获得的奖励和荣誉、实习和兼职经历等。通过整理这些信息，大学生可以更加清晰地认识到自己的优势和不足，从而为未来的职业规划做好准备。

2.工作情况

对于即将毕业的大学生来说，了解自己的工作情况尤为关键。大学生可以列出自己目前的工作岗位、职责和行为管理文档，这有助于他们对自己的工作情况有一个清晰的了解。此外，他们还可以设计一个目标行动计划，列出自己的短期和长期目标，以及为实现这些目标所需要的技能和经验。

3. 未来期望

未来期望部分是 PPDF 法最关键的一环，它涉及大学生对自己未来职业生涯的设想和计划。大学生应该明确自己在未来 3 ～ 5 年的职业目标，以及为实现这些目标所需要的技能、知识和经验。此外，大学生还应该设计一个发展行动计划，明确自己的培训方法、活动安排和时间表。

为了使 PPDF 法更加具有针对性和效果，大学生应该定期对照自己的 PPDF，对其进行修订和调整。

（二）SWOT 法

在日常商业实践中，SWOT 分析法是一种广受欢迎的战略工具。SWOT 代表企业的优势（strengths）、劣势（weaknesses）、机会（opportunities）和威胁（threats）。但除了在企业领域，这种分析方法同样适用于个人职业规划和自我评估。通过 SWOT 分析，个人可以更深入地了解自己，从而更加明确地制定个人职业发展策略。

大学生在进行 SWOT 法分析时，应遵循以下五个步骤。

第一步，评估自己的长处和短处。每个人都有自己的优势和劣势，大学生需要诚实地面对自己，深入了解自己的优点和缺陷。

第二步，找出自身的职业机会和威胁。外部环境中总是充满了无数的机会和威胁。大学生需要仔细地观察和分析，找出那些能够促进自己职业发展的机会，并警惕可能会阻碍职业发展的威胁。

第三步，确定近期的职业目标。这些目标应该是具体的、可衡量的，同时要确保它们是现实的和可行的。

第四步，列出今后的职业行动计划。在明确了目标之后，大学生就需要制订实际的行动计划来实现这些目标，包括短期和长期的计划，以及必要的资源、时间和支持。

第五步，寻求专业帮助。在职业规划和发展的过程中，外部的意见和建议是非常宝贵的。大学生可以寻求导师、职业顾问或同行的帮助，听取他们的建议和反馈。他们会提供一些新的视角，帮助大学生更好地调整自己的策略。

（三）五问法

1. 我是谁

这是一个关于自我认知的问题。为了真正了解自己，大学生首先需要对自己进行深入、诚实的反思。这涉及自己的性格、兴趣、价值观、信仰等各个方面。同时，通过列出自己的优势和劣势，大学生可以更加明确地了解自己的实际状况，为接下来的职业定位提供基础。

2. 我想干什么

考虑这个问题时，大学生要对自己的职业发展有一个清晰的心理定位。随着时间的推移，人的兴趣和目标也许会发生变化。例如，大学时期追求的梦想职业可能与三十岁时的期望完全不同。但这并不意味着之前的选择是错误的，它只是表明随着经历和年龄的增加，一个人的焦点和兴趣会发生转移。

3. 我能干什么

能力和技能是目前可以利用的，而潜力则是未来能达到的最大限度。这也涉及兴趣、执行力、判断力和知识结构。

4. 环境支持或允许我干什么

这需要对周围的环境有全面的了解，涉及经济、政策、公司制度等客观因素，也包括与领导、同事的关系和人脉资源等主观因素。在某些情况下，外部环境可能不利于某一职业发展，这时就需要思考是否需要调整策略或者转型。

5. 我最终的职业目标是什么

这是所有问题的核心。明确了前四个问题后，大学生就为自己的职业道路描绘了一个清晰的框架。然而，这并不意味着此后的路会一帆风顺。事实上，大学生还需要根据变化的情况不断地评估和调整，但这至少为追求理想职业提供了一个方向。

二、大学生职业规划设计的流程

大学生职业生涯规划的基本步骤如下。

（一）确定志向

确定志向实际上是一个决策的过程。这一决策的形成往往是基于个人的经验和观点。对于大学生来说，这一过程亦然。然而，对于这一群体，这种经验与观点并不都是直接从实际工作中得来的，而是来自他们的生活、成长和学习中的各种间接经验。尽管大学生在实际的职场中可能缺乏经验，但这并不意味着他们对于选择职业方向毫无根据。事实上，他们身上所展现出的既有经验其实是多种因素的叠加。其中包括主流的社会价值观、天生的性格和兴趣、受过的教育、对于知识和技能的喜好、家庭的环境和教育，以及他们成长的环境等。这些因素不仅塑造了大学生的性格和兴趣，也为他们提供了丰富的间接经验。通过这些间接经验，大学生能够对于不同的职业产生一种或积极或消极的看法。这些看法最终会结合他们的个人经历和偏好，形成一系列与之相关的职业联想。这一系列的职业联想可以视为志向的雏形，它为大学生提供了一个明确的方向，帮助他们确定自己的未来发展路径。

（二）自我评估

大学生自我评估的工具和方式多种多样，如气质评估、个性测试、职业兴趣测试、价值观评估和能力水平评价等。这些评估维度为他们提供了全方位的自我分析工具，帮助他们从不同的角度了解自己。虽然每一位大学生在气质、个性特征或职业价值观等方面都有其独特之处，但如何将这些测评结果综合考虑，确立主要的参考因素，并确定其他维度的补充参考价值呢？从实际工作出发，雇主或团队往往更关心大学毕业生的某些特质。例如，一个创业团队更希望找到具有创新思维和卓越执行力的伙伴，而一家大型企业更看重应届毕业生的团队协作能力和职业素养。经验表明，几个关键问题可以归结为对大学生的价值观、个人品质、思考能力和行动能力等方面的特质的关注。

1.价值观

价值观在当今社会的工作环境中尤为重要。它是指导人们如何看待和处理工作中问题的基础观念和原则。工作岗位上的价值观可以从三个层次来理解：社会人的价值观念、组织人的思考方式和岗位人的工作观念。作为一个“社会人”，员工需要具备正确的价值观念，包括在看待工作问题时要有政治正确的相关观念。在当今多元化的工作环境中，政治正确不仅是遵守法律，还涉及尊重多样性、维护公司形象和避免冒犯他人。作为“组织人”，员工需要具备一种从组织的角度出发的思考方式。这意味着他们在处理问题和决策时，不仅要考虑自己的立场，还要考虑公司的立场和其他相关利益方的立场。这种思考方式可以帮助员工更好地理解问题的本质，从而找到最佳的解决办法。作为“岗位人”，员工需要深入了解和掌握他们所在岗位的所有相关知识和技能，包括系统地理解公司的政策和制度、领导的指示和要求，以及岗位的职责和任务。这样，员工不仅能够准确地理解上级的指示和要求，还能够严格按照规定执行工作，同时在实践中不断创新，提高工作效率。

2.个人品质

个人品质主要包括诚实正直、勤奋踏实、责任意识三个方面，实际工作中影响个人成功与否的核心品质并没有想象中的多。经过长期跟踪研究职场上的大学生工作经历发现，用人单位最为看重和个人成功的最关键因素主要是诚实正直的品德、勤奋踏实的工作作风，以及个人内心和行为上认可和始终保持的责任意识。

3. 思考能力和行动能力

思考能力和行动能力主要是指大学生具有合理的知识结构。一个人必须拥有充足的知识储备，这样在面对实际问题时，他的大脑可以快速调用相关的信息和数据，为解决问题提供支持。比如，一名工程师如果拥有丰富的物理、数学知识，那么他在设计一款新产品时会更加得心应手。但仅有知识结构是不够的，还需要具备将这些知识应用于实际问题的能力。这要求大学生不仅要学习理论，还要不断地尝试将这些理论应用于实践中，找到理论和实践之间的钩稽关系。结构化思考能力是另一个关键的要素。面对一个问题，如何系统地分析它，如何制定行动方案，并使之结构化、工具化和表单化，都是测试一个人结构化思考能力的重要标准。有了这种能力，解决问题的过程将更加可靠、规范和科学。

清楚认识到上述三个方面的要求，可以指导大学生深刻地审视自我，为其获得称心的工作奠定坚实基础。

（三）职业机会评估

对大学生而言，职业能力是他们从事某项工作的潜质，它决定他们是否适合某种工作。面对复杂多变的就业环境，仅凭兴趣和技能显然是不够的。这就要求大学生进行全面的职业机会评估，充分了解各种环境因素对自己的职业生涯规划和选择的影响。评估内容包括但不限于宏观政治、经济环境，行业发展周期和趋势，企业文化和生态系统，以及目标岗位的要求。大学生在进行职业机会评估时常常会被社会主流价值观所影响，家庭成员的期望也会在某种程度上左右他们的决策。当“互联网 +”“金融”或“AI”等词汇成为社会热议的焦点，许多大学生会跟随潮流，选择那些在当下被视为“热门”的职业方向。然而，选择职业不仅是追随热潮，更是一个对未来的深度思考和规划。不可否认，热门行业往往有更高的薪资和更广阔的发展空间，但冷门行业往往藏有未被大众发现的机会。这些所谓的冷门行业也是国民经济发展的坚实后盾，它们承载着国家的基础建设、科技进步和社会稳定等重要职责。因此，大学生在进行职业选择时不应仅仅被表面的“热门”所吸引，而要深入研究各个行业的真实情况，结合自己的兴趣和长处，找到真正适合自己的位置。无论是热门还是冷门，关键在于找到一个可以让自己发光发热的舞台。

（四）职业选择

一个人职业生涯成功与否，与个人和岗位的匹配程度密切相关。一个合适的职业可以让人发挥其才华，发现自己的价值，并在职业道路上取得卓越的成就。反之，一个不合适的职业可能会令人感到沮丧，阻碍其成长，甚至导致其浪费时间和才能。

职业选择并非简单地选择一项工作。它是一个复杂的过程，涉及众多因素：第一，大学生的选择常常基于他们在学校，尤其是中学和大学期间所积累的知识和技能，这种“路径依赖”意味着个人在职业选择上很可能会基于过去的经验和学习；第二，获得偶然机会进入某行业；第三，外部因素，如家庭压力、亲友的建议等，也经常对职业选择产生影响。有时，家长会基于他们的经验和对未来的预测为子女推荐某些职业，而朋友会根据自己的经验给出建议。这些建议和压力有时是有益的，但有时也可能导致个人未考虑自己的真实兴趣和才华，从而选择了一个不太合适的职业。

（五）职业目标设定

目标设定是职业生涯规划的核心内容。大学生应在自我评估、外部环境分析的基础上选择自己的职业方向，确立职业生涯发展目标。职业生涯目标的设定是职业生涯规划的核心，大学生事业的成败很大程度上取决于是否有清晰的职业目标。职业目标可以明确地指出奋斗方向，避免职业发展过程中众多的职业机会选择而造成左右摇摆。

（六）职业生涯路线的选择

每个人都可以选择不同的路径达到他们的职业目标，但各种路径在时间、成本以及达成目标的可能性上都存在差异。有些路径可能更短，但需要更多的付出；有些路径可能更为舒适，但成果不那么明显。职业生涯路线的设计绝不是随意或盲目的。为了确保其长期的可行性和成功，大学生必须对其进行深入的研究和规划。这条路线不仅要满足阶段性的个人能力培育和积累要求，还要与该职位所需要的能力匹配。大学生正处于职业生涯的起始阶段，拥有塑造未来的无限可能性。但这也需要他们的职业生涯路线具备前瞻性和规划性。遵循能力培育、积累和提升的特定规律，是他们实现长远目标的关键。

（七）制订行动计划及措施

行动计划分为长期和短期两个维度，两者相辅相成是迈向成功的关键。长期计划是一个宏观的规划，它描绘大学生希望在未来的几年，甚至几十年内达到的目标。由于长期计划涉及的时间跨度较大，其实现过程中潜伏着许多不确定因素。短期计划更为具体、明确，通常涉及的时间范围是几个月到几年。短期计划可以帮助大学生为达到长期目标设置阶段性里程碑。

无论长期还是短期，计划之所以为计划，关键在于“行动”。没有行动，再完美的计划也不过是纸上谈兵，职业目标更是遥不可及的梦想。行动计划的主要内容包括学历提升计划、工作经验计划、综合计划等。无论长期还是短期，行动计划的关键在于明确、具体，并始终与实际情况相结合。只有这样，才能确保计划的成功执行，最终实现职业生涯的愿景。

（八）评估与调整

职业生涯规划是一个动态的过程，正如河流在前行的过程中会受到岩石、沙土等的影响而调整方向。在社会环境、经济背景和个人价值观不断变化的情境下，坚守一个固定不变的职业目标，可能会导致错过许多适应未来的机会。因此，对于每一个大学生来说，及时评估和调整职业生涯规划是至关重要的。

第三节　大学生职业规划的目标设计

一、目标的内涵

目标是人们生活和工作的动力。人生若没有目标，人们会迷失方向，不知所措，毫无进取之心。需求产生目的，而这个目的被具体化、明确化时，就转化为目标。一个明确的目标不仅能为人们提供方向感，还能让人们知道为什么而行动。每当人们进行一项任务或做出某个决定时，都可以回归到这个目标，问自己："这是否有助于实现我的目标？"这样就可以避免很多不必要的行动和浪费，更加聚焦在真正重要的事情上。

二、大学生的职业生涯目标

大学生的职业生涯目标包括大学期间的职业目标和择业后的职业目标两部分。

（一）大学期间的职业目标

一名大学生，当他踏入大学校园时，面对的是一个充满无数可能性的未来。这个未来可以是充满激情的，也可以是充满迷茫的。关键在于，这名学生是否对未来有一个清晰的职业定位。没有目标的人，就如同大海中的一叶小舟，任由风浪摇摆，没有方向。而有了目标的人，不论困难有多少，总能找到前进的方向，不断地向前，永不止步。大学生从大一开始就应该确立职业目标。有了明确的职业目标，大学生就可以制订相关的行动计划，提前准备，不断努力，直至梦想成真。设定职业目标并不是一件容易的事情。这需要大学生深入思考，不仅要考虑自己的兴趣和专长，还要结合实际思考自己的能力、技能和优点，以及如何通过培训和教育实现这一目标。同时，大学生也要考虑外部环境，哪些是有利的，哪些是不利的。

通常情况下，大学生在校期间的职业生涯目标主要集中在获得合理的知识结构、获得应用理论知识分析能力、了解自己的兴趣爱好和学会处理社会关系的技能等方面（图 3-1）。

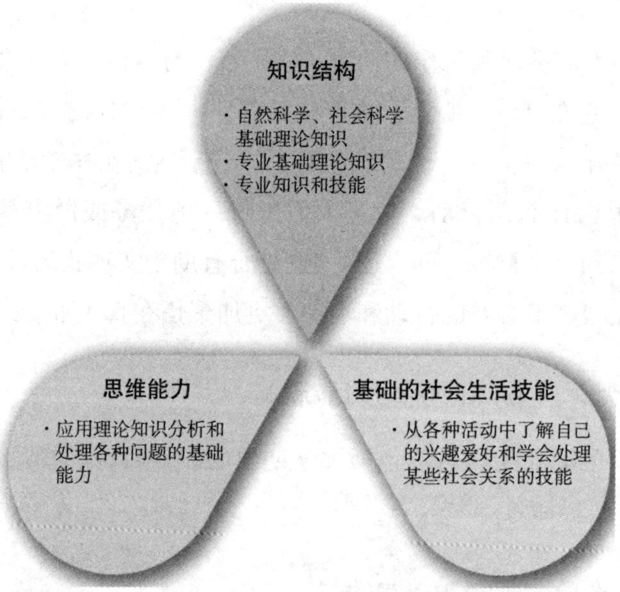

图 3-1　大学生在校期间的职业生涯目标

大学生应围绕这三个方面的目标努力充实和提高自己，在未来四年中分四个时期做好系统学习和生活设计，毕业时也可以从上述三个方面检验自己是否达到了相应的要求。

（1）大学一年级：试探期。对于许多刚刚踏入大学校园的新生来说，第一年是一个充满新鲜感、探索和期待的时期。此时，开设的课程大多数是公共课程，学习任务相对轻松，为学生提供了一个广阔的探索和发现的平台。正因为有了这样的优势，大一的同学们应该抓住这个黄金时期，有意识地了解未来可能的职业方向，尤其是与所学专业相关的领域。参与学校的各种社团活动和实践，不仅可以锻炼自己的沟通与交流技巧，更能与不同背景、性格的人建立联系，丰富人生经验。此外，除了课堂知识，同学们还应该培养课外学习的习惯，如阅读专业书籍、参与实验、收集相关资料，这都有助于为未来的职业道路做好铺垫。

（2）大学二年级：定向期。随着时间的推移，大学生活渐入佳境。到了大二，课程开始逐渐深入，同学们也应开始为自己的未来方向做出选择。是继续深造还是选择就业，是大二学生需要认真思考的问题。课余时间的兼职成了一个绝佳的试水平台。选择与专业对口或者未来想要从事的工作，长时间的坚持不仅能增加实践经验，还能培养自己的责任感、主动性和应对困难的能力。此外，辅修其他专业的课程也是一个扩展知识面、充实自己的好方法。

（3）大学三年级：冲刺期。大三对于许多同学来说是一个关键的转折点。这一年的主题是“准备”。无论是准备研究生考试还是将来的工作，同学们都应该积极地提高自己的求职技能，如简历写作、面试技巧等。同时，收集相关的招聘信息，做足功课，为明年的招聘季做好准备。

（4）大学四年级：分化期。最后一年的大学生活，各种招聘活动、实习机会接踵而至，每个人都在为自己的未来努力。同学们利用学校提供的资源，如就业指导中心、职业发展讲座等，可以帮助自己更好地定位。模拟面试、求职技巧培训，这些都是为了帮助同学们在真正的面试中展现出最好的自己。

（二）择业后的职业目标

大学生除了制定在校的学习和生活目标，更应该对择业后的职业生涯进行提前规划。更为关键的是，这样的规划并不是一个孤立的过程，而是需要在资深实战专家的指导和帮助下进行。进入社会后，每一个新的环境和挑战都会对大学生产生影响，所以，他们在职业初期需要有一个清晰的规划，从而更好地确定目标和路径，减少徘徊和迷茫的时间。他们可以在工作的不同阶段为自己分别设计短期目标、中期目标、长期目标。此处以人力资源专业毕业生的职业目标为例进行分析。

（1）短期目标。这是为了确保在职业生涯的初始阶段有一个明确的焦点。以人力资源专员为例，新人可以专注于熟悉企业人力资源管理的各项实务，特别是薪酬绩效管理这一模块。目标可以是实习期结束后成为薪酬绩效专员。

（2）中期目标。这是为了确保在职业生涯的中间阶段能够得到更高水平的职业发展。这一阶段的目标是全面掌握人力资源管理的各项工作，同时积累经验和提升能力。3 到 5 年后，目标可以是晋升为人力资源经理。

（3）长期目标。这是为了确保在职业生涯的后期能够达到领导层级。长期目标可能涉及战略规划和领导整个部门。例如，6 到 8 年后，成为企业的人力资源主管，为企业拟定人力资源战略并组织实施，同时能够策划和完成人力资源的变革工作。

三、职业生涯目标的设计

大学生在职业生涯规划中，首先要做的就是设定职业目标。它被认为是选择人生发展方向的第一步。只有当人们清晰地知道他们的目标，才能有足够的动力去追求。这种抉择应该基于个人的最佳才能、最优性格、最大兴趣、最优效能以及最有利的环境等信息。设定职业目标不是一个模糊不清、随意的过程。它并不只是简单的“我想去某个城市工作”或者“我想从事某种行业”。尤其对于大学生而言，他们在设定职业目标时更应该明确，如“我希望在某个具体的单位工作”。这样的目标更具体、更明确，也更容易为之制订行动计划。

此外，根据具体的岗位说明书和任职资格要求来完善自己的能力是非常有益的。这样可以使自己的准备更加有的放矢，明确知道为了达到某个目标，自己需要做哪些准备和努力。

（一）职业目标设计的要求

1. 匹配性

大学生在确定职业发展目标时，不仅要考虑个人的性格、兴趣、特长等这些内在因素，还要考虑外部环境与自己的目标是否相适应。合理和可实现的职业目标是确保职业成功的关键。它指导一个人的职业生涯中的每一个决策和行动。许多年轻的大学生在设定自己的职业目标时，由于尚未真正进入职场，对行业和职位的了解仍然处于表面，这使他们容易制定过于理想化的职业目标。比如，一些高职专科生可能会为自己设置一个成为大学教授或职业经理人的目标。这并不是说这些目标不可能实现，但从他们目前的教育背景和经验出发，直接设定这样的目标会让他们感到非常困难。另一方面，有些人对文学有浓厚的兴趣，他们可能会设定 3 到 5 年内成为著名文学家的目标。尽管热情和热爱对于实现一个目标是非常重要的，但仅仅凭借这些是不足够的。实现这样的目标需要更长的时间和更多的努力。有时，人们为自己设定的职业目标可能是基于某种实际的需求，而不是基于个人的真正的兴趣或长处。

2. 需求性

通常，就业不好的专业失业量较大、就业率低，且薪资普遍较低。部分“红牌”专业是由于供大于求造成的；也有部分“红牌”专业是因为人才培养质量达不到产业要求造成的，这就形成了应届毕业生找不到工作、企业招不到合适人才的局面。对大学生来说，在进入大学后面对专业难以调整的现实，如何找到理想的工作是大学生在职业生涯规划中必须面对的问题。因此，大学生在设定与确定职业目标时，必须考虑社会与组织对岗位的要求，当劳动力市场相关人才出现供大于求时就要结合自身实际考虑自己未来的胜率，还应考虑组织对岗位的相关要求是否是自己在大学期间就可以培养与训练达到的。

3. 具体性

在大学生活中，学生通常会遇到各种任务和责任，从老师布置的随堂作业到小组共同完成的研究题目，每一个任务都要求学生付出努力，并在实践中不断成长。例如，小组作业不仅是一项简单的任务，实际上还为学生提供了一个模拟真实工作环境的平台，使他们能够体验团队合作的力量和重要性。当涉及需要准备资料、进行社会调查、分析讨论，以及最后形成研究报告的任务时，学生们便可以锻炼各种技能，包括信息收集、沟通、时间管理以及组织和领导能力。在具体操作中，同学们要学会给自己列一个时间表，规定每一个目标的具体完成时间，时间一到就要检查自己目标成果的实际完成情况，这样就可以及时进行自我管理或小组管理，日程表的设置越具体越有可操作性，用来衡量目标实现程度的标准就越细，对于目标执行与反馈也就越准确，对于不当之处的修正也就越有针对性。因此，职业目标的设定尤其是短期职业目标，要设计得相对具体与具有可操作性，以方便及时检验自己的成果与纠正错误。

4. 动态性

组织内部的职位永远是处于不断变化的状态。这种变化是由于内部策略的调整、技术的进步、市场需求的变化，或其他外部因素所引发的。为此，职业生涯规划中的目标设定也应当具有一定的动态性。大学生身处学术人生与社会人生交会的重要阶段，应当根据个人成长的不同阶段以及社会的发展趋势不断调整自己的职业规划。

5. 合理性

职业规划还需要考虑目标的合理性。比如，一些学生可能会对自己有过高的期望，认为毕业后立即能够获得高薪或者达到某个职业的顶峰。然而，现实中，成功往往需要经过一系列的步骤和挑战。在规划自己的职业生涯时，大学生需要确保自己的目标是分阶段的，并且是实际可行的。每一个小目标的实现都会为达到最终的职业理想铺设坚实的基石。

（二）职业目标设计的原则与注意事项

1.SMART 原则

职业目标的设计一般遵循 SMART 原则。确定有效目标的 SMART 原则，须符合以下五个条件。

（1）目标必须是具体的。

（2）目标应该是可衡量的。

（3）目标是可实现的。

（4）目标应具有相关性。即与自己的专业相关，与社会需求基本一致等。

（5）目标设置要有时间限制，可以具体到某年某月。

2. 职业目标设计的注意事项

职业目标制定并不是一蹴而就的过程，而要考虑个人在不同生活阶段的特点与需要。长期目标涉及人生的理想和终极追求，受到个体特点、兴趣爱好、工作能力和社会趋势的共同影响，而在制定中期和短期目标时，组织因素成为主导。

大学生在职业目标设计的过程中，需要注意以下几个方面。

（1）分解目标。将大的目标拆分成小的、可操作的步骤，这有助于更明确地看到每一步的进展。

（2）持续性。目标的实现需要时间，不应期待短时间内就能达成。持之以恒是关键。

（3）适度的目标数量。设定太多目标会分散注意力，而且可能造成目标之间的冲突。目标的数量要适中，并确保它们是相互关联的。

（4）符合社会与组织需要。在某种程度上，人们的目标应与周围环境的需求相匹配，这样更容易获得支持和资源。

（5）远大但切合实际。目标应具有挑战性，但也要确保其在现实情境中是可达成的。

（6）宽度适中。不要试图覆盖所有领域，选择与自己能力、兴趣和经验相匹配的范围。

（7）结合长短期目标。这有助于确保短期的成功为长期的实现打下坚实基础。

（8）立足自身。最后但同样重要的是，目标应基于个人的优势和特点。这样不仅更容易实现，而且更有可能为人们带来满足感。

（三）职业目标设计的步骤和方法

职业目标设计的步骤如下。

1. 确定远期目标职位

在职业规划的初级阶段，大学生需要从宏观的角度出发，考虑自己未来想达到的位置。这不是一个简单的决定，它需要大学生深入地思考自己对某些职业的看法和期望，从中确定一个远期的目标。它可以是一个具体的职务，如“我想成为一个项目经理”，也可以是一个更广泛的目标，如“我想在金融领域取得显著的成就”。

2. 确定阶段目标岗位的能力结构

确定了远期目标后，下一步是要考虑如何达到这个目标。这需要先分解目标，设定一系列阶段性的小目标或里程碑。每一个阶段目标背后都对应一种能力素质的升级。对于大学生或刚入职的新员工而言，这一步尤为重要。他们需要明确了解所选目标职位的能力素质要求，这可以通过职位分析来实现。例如，如果某个职位要求良好的团队合作能力和项目管理技巧，那么在规划职业生涯时，学习这些技能应该是优先考虑的。

3. 编制行动计划

有了目标和所需的能力清单，下一步是如何从现在的状态达到那些目标。这就需要一个行动计划。行动计划不仅包括需要完成的具体工作事项和需要掌握的知识技能，还包括获得这些技能的路径、预期的完成时间以及检验自己是否达标的标准。这一步骤要求人们具有高度的自我管理能力和执行力。

4. 计划调整完善

即使制定了再完美的职业规划，外部环境的变化和个人成长的需要都可能导致原计划不再适用。这时，灵活性变得尤为重要。定期回顾自己的职业目标和行动计划，根据当前的情况进行必要的调整，有利于更好地实现职业目标。

四、职业发展阶段

通常情况下，个人职业发展主要包含以下几个阶段。

（一）探索阶段——学生

在这个阶段，大学生主要是在学校进行学习，掌握基础技能。这一时期是个人性格和兴趣形成的关键时期，很多人在这个时期培养了一生的爱好和兴趣。学生在这个阶段的主要任务是发现自己的兴趣，积累知识，发展工作所需的技能，并逐渐形成自己的价值观、动机和抱负。

（二）准备阶段——应聘者

在准备阶段，大学生开始接触社会，形成初步的职业意向，开始积累职业技能，并等待合适的工作机会。这个阶段的人们主要是希望能够进入职场，找到合适的工作，融入新的组织和团队。为了达到这个目标，大学生需要对自己进行准确的自我剖析，了解自己的长处和短处，为自己的未来职业生涯定位。

（三）选择阶段——实习生、见习生

这一阶段是大学生基于社会的需求和自己的能力和愿望，做出职业

选择的时期。选择阶段的人们通常是初入职场的实习生和见习生，他们在这一时期需要学会独立完成工作，获得同事的接受和上级的认可，同时需要学会面对失败、处理工作中的混乱和冲突及与他人竞争。

（四）适应阶段——任职者

在适应阶段，大学生需要逐步适应工作岗位的要求，包括生产过程、岗位职责、工作制度、人际关系、生活习惯等。对于这些刚刚走出学校大门的年轻人来说，职业适应是一个极其重要的问题，他们必须认真对待这个问题，确保自己能够快速地融入工作环境。在职业适应阶段，大学生不仅要做到生理、心理、知识技能和岗位等方面的适应，还得建立和维护良好的人际关系，积极赢得职场人缘。

（五）稳定阶段

稳定阶段是许多人职业生涯中至关重要的时期，但这并不意味着这一阶段毫无风险和挑战。谈到“稳定”，很多人可能首先联想到的是安稳、舒适和满足。但正因为这种舒适感，人们会遭遇中年危机，开始思考自己的人生目的和意义，对未来的方向感到迷茫。这也是为什么当人们进入中年时，他们开始萌发想要为后辈或社会传承知识和经验的想法。他们希望自己的知识和经验不只是被自己所用，更希望它能够为他人所用，帮助他人更好地成长。在稳定阶段的员工往往已经积累了大量的经验和知识，他们对公司的业务流程了如指掌。他们不再是单纯地为了个人的成就而努力，而是更多地想要回馈，会主动承担起培训新员工的任务，分享自己的知识，为团队做出贡献。这其实是一种很好的现象。如果员工总是仅仅为自己的利益和成就着想，那么这违背了许多公司期望建立的团队文化。

（六）衰退阶段

到了这一阶段的人们，其职业目标已基本实现或已经达到顶峰。他们经验丰富，积累了大量的知识和技能。这一阶段的核心目标不再是单纯地追求更高的地位或薪资，而是对自己进行再度的评估。他们要深入地思考自己的才干、动机和价值观，并进一步明确自己未来的职业抱负和个人前途。有的人会满足于现状，感慨自己已经走到了职业的巅峰；而有的人则会选择挑战自己，争取更高的目标和进一步的发展。

此外，这一阶段的人们通常具备强大的人际关系和影响力。他们需要学会如何更好地与他人沟通、合作，发挥自己的指导和领导作用。这也是一个传承的阶段，他们需要选拔和培养新一代的接班人，确保团队或企业的未来可持续发展。

（七）结束阶段

这一阶段的人们需要学会接受自己的权力、责任和地位的下降。他们不再是团队中最重要的核心人物，需要接受这一事实并为自己找到新的角色。

结束阶段并不意味着个人的成长和发展就此终止。相反，这是一个转型的过程，他们需要学会如何在工作之外找到新的兴趣和激情，为自己的人生下一个阶段做好准备。

第四节　大学生职业生涯规划书设计

大学生在职业生涯发展中有一个非常重要的工具——职业生涯规划书。这不只是一个文字性的方案，更代表了一个人对自己未来的展望和规划。它涉及对个人特质的分析、对外部环境的认识、对未来的设想以及如何实现这些设想的方法。设计职业生涯规划书需要先进行自我分析。

通过对自身人格特质的深入了解，大学生可以更清楚地认识自己的长处和短处，发现自己的专长和兴趣所在，从而更有目的地为自己的未来做出规划。

大学生在制定职业生涯规划书时，必须真实地反映自己的情况，不能盲目地模仿他人。每个人的情况都是独特的，只有真实地反映自己的情况，才能制定出真正适合自己的规划。

一、职业生涯规划书的结构与内容

（一）职业生涯规划书的结构

大学生职业生涯规划书包括自我分析、职业分析、职业定位、计划实施、论证及结束语等（图 3–2）。

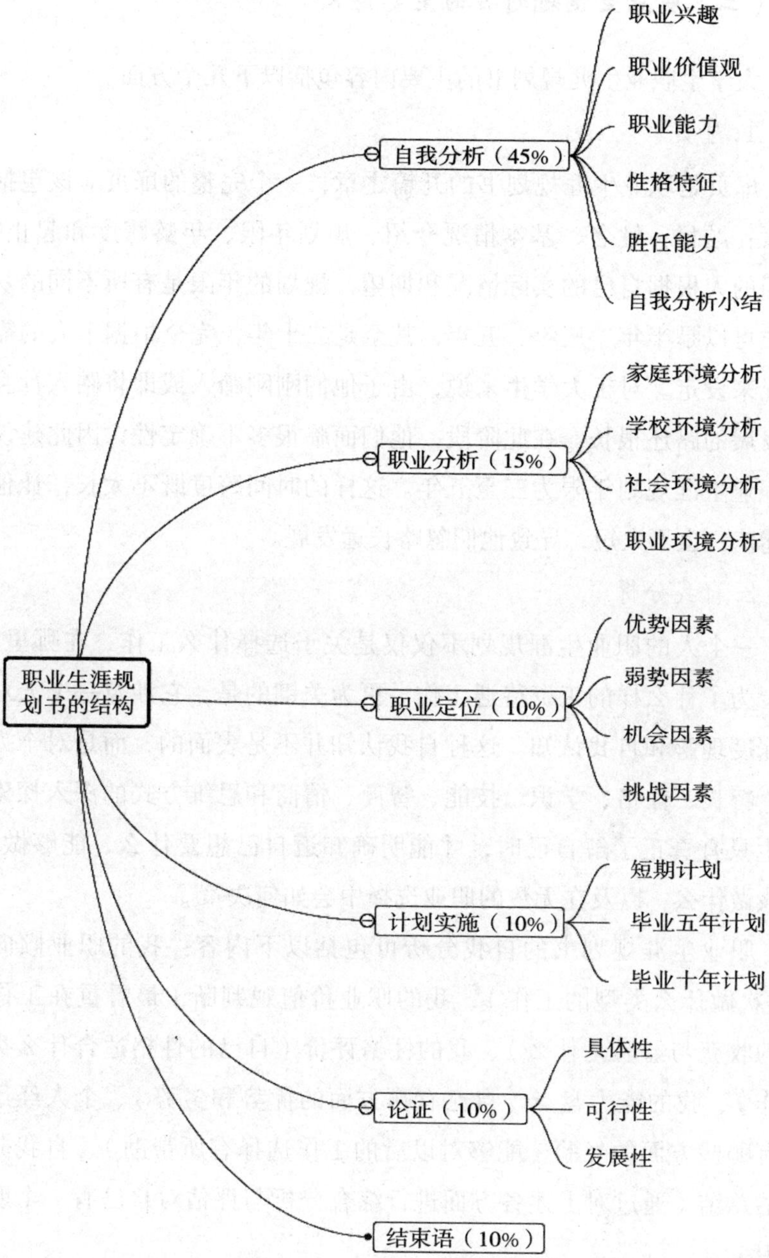

图 3-2　职业生涯规划书的结构

（二）职业生涯规划书的主要内容

大学生职业生涯规划书的主要内容包括以下几个方面。

1. 扉页

扉页是职业生涯规划书的开篇之章，一个完整的扉页应该包括以下要素：题目、姓名、基本情况介绍、规划年限、年龄跨度和起止时间。不同的人根据自己的实际情况和期望，规划的年限是有所不同的。规划年限可以是半年、三年、五年，甚至是二十年，完全根据个人的需求和情况来设定。对于大学生来说，由于他们刚刚踏入或即将踏入社会，职业发展的路还很长。在此阶段，他们面临很多不确定性，因此建议他们的职业生涯规划年限为三至五年。这样的时间跨度既不太长，让他们感到迷茫；也不太短，导致他们忽略长远发展。

2. 自我分析

一个人的职业生涯规划不仅仅是关于选择什么工作、在哪里工作，或者为了什么样的工资待遇工作。更为关键的是，它涉及一个人对自己的深度理解和自我认知。这种自我认知并不是表面的，而是对个人的兴趣、特长、性格、学识、技能、智商、情商和思维方式的深入探索。大学生只有真正了解自己时，才能明确知道自己想要什么、能够做什么、应该做什么，以及在无数的职业选择中会如何决策。

职业生涯规划书的自我分析可包括以下内容：我的职业倾向分析（喜欢做什么类型的工作）、我的职业价值观判断（最看重在工作中取得的收获与经验是什么）、我的性格评价（自己的性格适合什么类型的工作）、我的能力盘点（自己有哪方面的优势和劣势）、个人经历（个人有哪些方面的经验，能够对以后的工作选择有所帮助）、自我分析与评估总结（通过对上述各方面进行综合分析与评估对自己有一个明确的认识）。

3.环境评估

每个人的发展都受到外部环境的影响，因此对环境因素的评估是制定职业生涯规划书的重要内容之一。职业生涯规划书的环境评估可包括以下内容：社会环境分析、学校环境分析、家庭环境分析、行业环境分析、组织环境分析、职业分析、岗位分析、环境分析结论。

4.职业定位

职业定位就是在广阔的职业海洋中为自己找到一个明确的、适合的目标，实现职业目标与个人潜能、主客观条件之间的最佳匹配。良好的职业定位是以自己的最佳才能、最优性格、最大兴趣、最有利的环境等信息为依据的。职业生涯规划书的职业定位可包括以下内容：明确可选的职业、职业评估与决策、职业生涯路径设计、职业定位。

5.职业生涯实施计划

职业生涯的规划是对未来的愿景和目标的明确表示，但无论规划得多么完美，没有具体的行动方案，那只是纸上谈兵。因此，为了确保职业生涯的成功，人们需要制订并执行明确的实施计划。职业生涯规划书的实施计划可包括以下内容：长期、中期、短期职业生涯计划，各阶段计划的分目标、计划内容（专业学习、职业技能、职业素养），计划实施策略。

6.评估与反馈

职业生涯规划是一个动态的过程。随着时代的变迁、行业的升级、技能的更新以及个人兴趣的变化和能力的增长，每个人的职业生涯都会面临不同的挑战和机会。因此，职业生涯规划初期制定的目标需要根据实际情况进行及时的评估和调整。实施过程中效果如何、是否达到预期、是否存在问题，这些都需要进行实时的检验。职业生涯规划书的评估与反馈可包括以下内容：可能存在的风险、预评估的内容、风险应对方案。

二、职业生涯规划书的类型

（一）文本型职业生涯规划书

文本型职业生涯规划书没有固定的模板，大学生可以自由地描述和规划自己的职业之路。规划的首要原则是必须让自己信服。大学生无论职业理想是什么，首先要相信自己能够实现它。在这个基础上，文本型规划书还需要具有强烈的可执行性。只有明确的职业目标和实施方案，才能够确保大学生不迷失方向。此外，对于可能遇到的障碍，提前做好对策也是十分必要的。

（二）表格型职业生涯规划书

与文本型不同，表格型职业生涯规划书更注重结构和明确性。通过表格的形式，大学生可以更直观、系统地列出自己的规划内容。表头信息主要展示规划者的基本信息，如姓名、年龄、目前的职业状态等。而在规划内容栏中，目标和实施要点是最为重要的。大学生可以根据自己的职业目标，列出每一个实施要点，确保每一个步骤都是有迹可循的。虽然内容不是固定的，但它的结构和清晰度可以帮助规划者更好地进行自我管理。

三、设计职业生涯规划书的原则

（一）可行性

不可否认，每个人心中都有一个职业理想，或者希望成为某个领域的专家，或者希望能够在某个行业有所成就。但仅有理想而没有实际行动是无法实现的。这就需要确保职业生涯规划的可行性。如果设定了一个与现实条件格格不入的目标，那么无论多努力都可能难以实现。例如，一个没有医学背景的人想成为心脏外科医生，这无疑是不切实际的。因此，大学生在制定职业生涯目标时，必须确保它建立在现实条件的基础上，与个人的能力和环境相匹配。此外，行动计划的可行性同样关键。行动计划是实现职业生涯目标的桥梁，它必须是具体、明确且可执行的。

（二）阶段性

人的职业生涯发展有其固有的阶段性，每一阶段都有其特点和发展任务。例如，大学生刚步入社会时，他们的首要任务是积累经验和磨炼自己的技能。而当到了中年，他们更多地考虑的是如何在职业领域里获得更大的成就或如何平衡工作和家庭。到了晚年，他们会考虑如何为社会做出更多的贡献或如何传承自己的经验和智慧。因此，职业生涯规划书应该明确区分各个发展阶段，并为每一阶段设定相应的目标和行动计划。这样，无论处于哪个阶段，都能确保自己的生活和工作都是有目标、有计划的，从而使每个阶段都过得更加充实。

（三）发展性

规划是一个前瞻性的过程。大学生在制定职业生涯规划时，不能仅仅停留在当前的情境，要有超前性和预测性，要对未来的职业市场、行业趋势有所了解和预判。但这并不意味着一旦制定了规划就故步自封，闭目塞听。反之，大学生应该时刻保持对外部环境的敏感性，随时准备调整自己的发展策略。短期的目标，如年度或几年内的计划，会受到各种不可预测因素的影响，需要频繁地调整。但调整的时候，大学生必须确保新的目标与长远的人生目标是一致的。

（四）独特性

每个人都是独一无二的。从外貌到性格，从教育背景到家庭环境，每个人的成长经历和所处环境都是截然不同的。因此，大学生在制定职业生涯规划时，不能简单地照搬他人的经验或依赖某个“标准模板”。独特性要求大学生深入了解自己，探索自己的兴趣、特长和价值观，从而找到最适合自己的发展路径。

四、设计职业生涯规划书的要求

（一）目标设定切实可行

职业目标的选择应与个体的特质和实际情况相匹配，而不是仅仅基于虚幻的梦想。设定一个职业目标并不仅仅是为了自我满足，而是为自己创造一个可实施的未来路径。为了做到这一点，大学生需要考虑四个关键的原则：选择自己喜欢的、选择自己擅长的、选择社会需要的和选择对自己有益的。这意味着，大学生在确定职业目标时不仅要考虑自己的兴趣和能力，还要考虑这些兴趣和能力与社会需求之间的差距。只有这样，设定的职业目标才能真正生根发芽，具有活力和生命力。

（二）信息收集科学翔实

信息收集是认识自我和了解职业环境的关键。尽管许多大学生在进行自我评估时过分依赖职业测验工具，但这并不总是最佳方法。这些工具虽然具有高度的可靠性，但结果可能缺乏足够的解释，导致解读时出现偏见。因此，自我认知的过程需要综合各种信息源，包括但不限于职业测验、个人的回忆和思考、他人的评价等。同样，在进行职业环境的分析时，大学生也需要从各种渠道，如网络、书籍、专家访谈等收集信息，以确保得出的结论既科学又真实。

（三）逻辑严密重点突出

逻辑清晰的规划书更容易指导行动，更有利于目标的实现。语言应当简洁，用词应当精准，避免冗长、空洞、混乱或存在语法错误的描述。而且，文本中的情感也应适度，既不过于煽情，也不显得冷漠。当涉及分析和解释时，规划书应始终围绕职业目标展开，确保逻辑性和连贯性，同时把焦点放在自我评估、环境评估和目标实施上。

第四章　大学生职业生涯规划的实施与调整策略

第一节　大学生职业生涯规划实施的内涵

大学生职业生涯规划的实施阶段，也就是大学生由一名学生向职业人的过渡时期。仅仅有职业目标和规划是不够的，更重要的是如何实施，从而使其帮助自己最终达到职业目标。

一、学会学习

“玉不琢，不成器。人不学，不知义。”[①] 这句话充分说明了学习的重要性。信息时代，人们被无数的知识所包围。不断更新的信息如潮水般涌入，那些停滞不前、只依赖原有知识的人将会被时代淘汰。特别是对于大学生来说，他们正处于塑造未来、探索真理的关键时期。只掌握科学的学习方法是远远不够的，更关键的是如何灵活应用这些方法，并能够将看似零散的信息整合、链接，形成一个系统化、结构化的知识体系。只有这样，大学生才能真正将知识转化为力量。

① 杨忠.《三字经》新读 [M]. 北京：科学技术文献出版社，2008：16.

（一）培养学习动机

在教育心理学领域，动机被视为引导和维持行为的内在或外在刺激。在学习活动中，这种动机被称为学习动机，它是一种特殊的心理状态。学习动机对于大学生的学习进程是至关重要的。一个没有兴趣或目标的学生很难专注于学习，甚至可能会放弃。相反，具有明确学习动机的学生通常更加积极和主动。他们不仅愿意为学习投入时间和努力，还会在遇到学习障碍时寻找方法去克服，以确保他们理解和掌握了知识。然而，动机过强或过弱都会对学习效率产生不良影响。一个动机过强的学生会对自己设定过高的期望，会制定一些不切实际的学习目标，从而使自己处于极度的压力之下。另一方面，动机不足的学生会缺乏学习的热情，这也会对他们的学习效率和成果产生不利影响。

（二）建立学习兴趣

孔子曰："知之者不如好之者，好之者不如乐之者。"[①] 当个体对某一学科产生浓厚的兴趣时，学习就变得不再是一种任务，而是一种愉悦的追求。有一些学生存在一种现象：听得懂的课就有兴趣，听不懂的课就没有兴趣。这是因为当学生能够轻松地掌握一个知识点时，他们会感到满足和自信，从而对学科产生浓厚的兴趣。相反，如果一直处于迷茫和挣扎中，兴趣就很难产生。事实上，每门学科都如同一个巨大的宝藏，里面蕴藏着深邃的智慧和无穷的乐趣。或许，某些学科的入门门槛较高，需要更多的努力才能够逐渐领略其中的美妙。但是，学生只要善于发现这些学科的美，以及它们背后所蕴含的深层次的哲理和智慧，就可以增强自己对学习的兴趣。

① 文心工作室．中文经典100句：论语[M]．北京：中央编译出版社，2006：100.

二、积极归因

美国心理学家诺伯特·威纳（Norbert Wiener）认为，人们对于自己的行为及其结果进行的归因是多维的，而这些归因方式对未来的行为动机产生深刻影响。他提出人们在解释自己或他人行为结果的原因时往往考虑以下六个方面：能力（或天资）、努力程度、任务难度（工作难度）、运气（机会）、身心状况、其他（如别人的反应）。①

从不同的维度、方向进行归因对学习动机的影响是不同的。在学习过程中，学生经常面临成功或失败的体验。对这些体验的归因方式直接影响他们对于未来的学习动机。当学生将学习的失败归因于自己的能力低下时，他们会认为无论付出多少努力都不可能成功，因此会丧失学习的动力。这种归因方式容易导致自尊心受挫、厌恶学习和产生挫败感。但是，如果学生将失败归因于运气不好或者自己的努力不够时，他们会认为通过更多的努力和调整学习方法，下次可以做得更好，这种归因方式有助于提高学习动机。与此相反，对于学习的成功，如果学生归因于自己的能力强，他们会增强自己的自尊心和自信心，认为自己有能力应对未来的学习挑战，这种归因方式有利于提高学习动力。但是，当学生把成功归结于运气或者外部的帮助时，他们会认为自己并没有真正掌握知识和技能，因此在面对下一个挑战时会缺乏信心，这种归因方式会降低学习动机。

三、确定合理目标

大学生在明确了自己的具体状况后，要基于事实和实际情况设定目标。目标必须是切实可行的。判断目标是否适当的一种方式是看它是否落在一个合理的范围内，即在自己实际能力的上下限之间。比如，若某

① 张瑞颖.就业导向下的大学生职业生涯规划与管理研究[M].北京：中国书籍出版社，2021：148.

学生的真实表现是 80 分，理想与最低接受标准分别是 90 分和 70 分，那么其目标分数应当设在 75 到 85 分之间。

四、运用 SQ4R 策略

学习策略是为了优化学习效果和提升学习效率，学习者有目的、有意识地设计的关于学习过程的方案。学习策略是一种深入的心理活动，是对整个学习过程进行的合理安排和调整。大学生需根据自己的情况，从主客观实际出发，确保策略切实可行，以使学习收益最大化。SQ4R 策略系统是目前在大学生学习中广泛使用的一种学习技术。其步骤如下（图 4–1）。

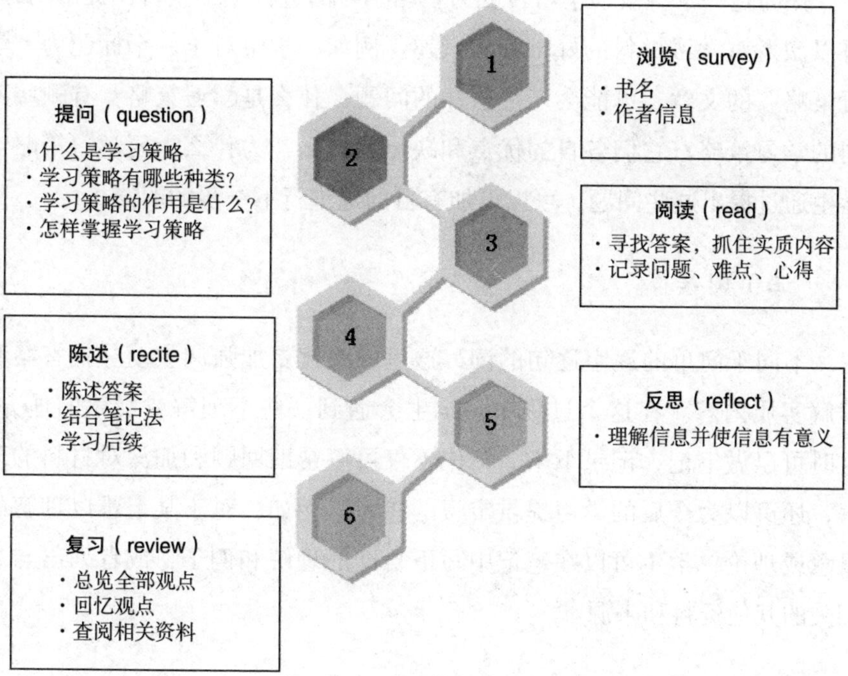

图 4–1　SQ4R 策略步骤

（一）浏览

通过浏览，学生可以对学习材料建立一个总体的认知框架，预先了解主要内容和结构。对于一本书来说，书名、文章标题、作者信息都是非常重要的线索，可以为学生提供有关该材料主题、内容和来源的基本信息。此外，学生通过浏览前言和后记，还可以深入了解作者写作的背景、动机和目的。这样，当深入阅读的时候，学生就可以更有目的地寻找和理解材料中的核心观点和信息。

（二）提问

提问是一个将被动学习转变为主动学习的过程。学生自己提出问题，可以激发对学习材料的好奇心和兴趣。例如，学生对于一个标题为“学习策略”的文章，可能会产生这样的问题：什么是学习策略？有哪些不同的学习策略？它们各自的优点和缺点是什么？为什么需要学习策略？学生通过提出这些问题，可以更加有目的地进行下一步的阅读。

（三）阅读

不同于简单的逐字逐句的读，这里的阅读更加强调主动寻找答案和理解实质内容。在这个过程中，学生会遇到一些不理解或疑惑的地方，这时可以做笔记，记录下来。笔记不仅可以帮助回顾和加深对材料的理解，还可以为今后的学习提供宝贵的参考。例如，对于某个难以理解的概念或理论，学生可以在笔记中写下自己的理解和例子，或者列出与之相关的其他资料和来源。

（四）陈述

陈述是将所学内容重新表述出来，检验自己是否真正理解了这些内容。在读完相关内容后，学生可以先尝试闭眼回忆，再开眼简要回答之前设定的问题。这样做可以有效地锻炼和检验自己的记忆与理解。如果不能清晰地回答这些问题，说明还没有完全掌握这一概念，需要重复阅读和尝试陈述。在进行陈述时，学生可以结合笔记法，摘记一些关键短语或句子作为陈述的提示。完成一部分后，按照相同的方法，继续学习后续章节，直至整本书。

（五）反思

反思是一个深度的学习过程，学生可以尝试将新学的信息与已知的知识联系起来，这有助于形成更为完整的知识网络；把课本中的副标题和主要概念及原理联系起来；试着消除不重要的信息；试着用所读内容解决联想到的类似问题等。

（六）复习

通读全书后，学生可以查看自己的笔记，总览全书的主要观点及其之间的联系。为了加深记忆，他们可以隔一段时间再次查看教材和笔记。此时，不看书只根据笔记尝试回忆内容，是对自己记忆的一个有效测试。如果在回忆中发现自己对某些知识点还不够熟悉，可以查阅相关书籍或论文，补充知识，扩大知识面。

第二节　大学生职业生涯规划的实施策略

一、大一阶段的职业生涯设计

大一阶段的目标是职业生涯认知和规划。具体的实施策略如下。

（一）转变身份，明确目标

新入学的大学生从高中生的身份转为大学生，需要迅速地适应这一变化。这不仅仅是物理空间的改变，更多的是心态上的转变。需要明确的是，大学生的学习目标和要求与高中时期不同，大学阶段的自主学习和探索意识是成功的关键。

（二）对职业的初步了解

入大学之初，学生往往对未来职业生涯没有明确的规划。因此，开始接触和了解各种职业和相关概念是必要的。这样不仅可以为自己的职业路径做初步规划，还能确保所学专业与未来职业对口。

（三）适应新环境，建立人际关系

大学是一个全新的环境，对于新生而言，快速地融入这个环境是非常重要的。这涉及与不同背景的同学建立关系，提高人际沟通能力，并积极向高年级学生询问就业情况，特别是即将毕业的学长学姐。

（四）参与社团，提升交流技巧

社团活动是大学生活的一大亮点。参与各种社团不仅能够丰富课余生活，还能提高交流和沟通技巧，锻炼团队协作能力。

（五）扎实学习，掌握基础技能

大学生活并不是只有娱乐，学习仍然是核心。在这一时期，学生需要扎实掌握专业基础知识。同时，大学生应加强英语和计算机能力的培养，以满足现代职业对从业者的基本技能要求。

（六）为未来打基础，做好准备

对于一些有特殊规划的学生，如希望转系、获得双学位或者留学的学生，这一阶段需要做好充分的资料收集和课程准备，确保未来的选择更加宽广。

（七）培养有效的学习方法

大学的课程设置，特别是第一年，通常都是基础课程。尽管学习任务繁重，但掌握一套适合自己的有效学习方法是非常关键的。这不仅可以帮助学生更好地吸收知识，还能为以后更高阶段的学习做好准备。

二、大二阶段的职业生涯设计

大二阶段的目标是初步确定毕业去向及相应能力与素质的培养。具体的实施策略如下。

（一）认识与定位自我

在职业生涯的深入探索中，了解自己是最基础也是最关键的一步。这涉及对自己的需要和兴趣的认知，以及对个人价值观、动机和抱负的明确。有了对自己深入的了解，才能为接下来的选择提供方向。

（二）规划毕业去向

大学生活尽管充满了无限的可能，但也终将面临毕业的选择：是选择继续深造，攀登学术的高峰，还是投身社会，开始职业生涯？这是每位学生都需要仔细考虑的问题。

（三）积极参与组织活动，培养能力

学生会、社团等组织提供了一个宝贵的平台，供学生培养和锻炼自己的领导和组织能力。同时，这也是一个检验自己知识技能的机会。通过实际的工作和团队合作，学生可以提高自己的团队协作精神，体验实际的工作环境。

（四）实践与兼职，积累经验

大学阶段的学习并不仅仅局限于课堂。实践和兼职活动为学生提供了与社会接轨的机会。长期坚持并从事与未来职业或专业相关的工作，不仅可以提高责任感、主动性和受挫能力，还可以为学生提供宝贵的工作经验。这样的经验在日后求职或进一步深造时都会成为无法替代的优势。

（五）强化基础技能，充实自我

英语和计算机应用作为现代社会的基础技能，对于每一位大学生来说都是必不可少的。不仅如此，考取相关的证书也成了证明自己能力的一个方式。同时，有选择地辅修其他专业，可以进一步扩充自己的知识面，使自己在未来的职业生涯中更具竞争力。

三、大三阶段的职业生涯设计

进入大学三年级，学生的职业生涯规划进入了关键的“准备期”。在这一阶段，学生应该更加专注于为即将到来的择业做好充分的准备，确保顺利地迈向职业生涯的新篇章。这一阶段的具体实施策略如下。

（一）深化专业学习，考取资格证书

在这一阶段，学生应该更加深入地学习专业知识，确保自己在未来的工作中具备足够的专业能力。同时，考取与目标职业相关的职业资格证书或通过相应的职业技能鉴定，不仅可以增强自己在就业市场中的竞争力，还能够更好地展现自己的实际能力。

（二）获取求职信息，学习应聘技巧

为了确保顺利进入职场，学生需要提前做好充分的信息收集工作，

包括了解不同的就业信息渠道，以及向学长学姐了解往年的求职情况。此外，学会撰写简历和求职信是每位求职者都应该掌握的基本技能。

（三）了解行业与企业，为留学或考研做准备

了解自己即将进入的行业和目标企业的实际情况，对于学生来说至关重要。对于有出国留学或考研计划的学生，更需要提前做好准备。例如，了解相关留学信息和学校情况，这样才能确保自己能够顺利实现留学或考研成功的梦想。

四、大四阶段的职业生涯设计

进入大学的最后一年，对于即将步入社会的学生来说，这是职业生涯设计的冲刺时刻。这一阶段，每一个决策、每一次实践都直接关系能否成功地抓住就业机会。这一阶段的具体实施策略如下。

（一）重新评估职业选择

在开始冲刺前，大学生有必要再次深入了解相关的行业和企业信息，对比自己的知识和技能，重新评估自己的职业选择。这样能够在一定程度上保证自己所做的每一个选择都是明智且合理的。

（二）加强应聘准备

面试是就业过程中的一个重要环节，所以强化求职技巧变得尤为关键。从如何自我介绍到如何回答面试官的问题，每一个细节都可能影响最后的录用结果。进行模拟面试训练可以帮助学生更好地了解面试流程，同时锻炼自己在真实面试中的表现。

（三）全面参与招聘活动

大学四年级的学生应该抓住一切机会，积极参加各类招聘活动。这不仅可以增加自己的面试机会，还能够拓宽自己的人脉网络，了解更多的就业信息。提交简历、参加企业组织的面试，都是为最终的就业目标而努力。

第三节　大学生职业生涯规划的调整策略

一、大学生职业生涯规划的评估

生涯规划是每个人都会经历的一个过程，它涉及对未来的设想、计划和执行。但在规划和执行的过程中，人们有时会发现设定的目标与实际的结果存在一定的差距。这些差距的产生往往是多种原因造成的，而消除这些差距就需要对其进行深入的分析。

第一，目标定得过高的问题。如果一个人为自己设定的目标远远超过了其个人能力，那么无论怎样努力，这个目标都是无法达成的。这不仅会造成时间和精力的浪费，还会损害个人的自信心。

第二，目标定得过低的问题。与目标定得过高相反，如果一个人设定的目标太低，那么他可能很容易就能达成这个目标。但这样的目标并没有真正帮助他发挥出自己的最大潜能。

第三，目标与行动方案不配套的问题。有时，一个人设定的目标是合适的，但是他为实现这个目标制定的行动方案并不合适。比如，一个大学生设定的目标是考取英语四级，但在他的学习计划中没有为英语学习留出足够的时间。这样即使目标是合理的，但由于行动方案的问题还是无法实现。

第四，执行不力的问题。即使目标和行动方案都非常合适，但如果在执行过程中出现问题，那么目标还是有可能无法达成。例如，一个学生设定了考取英语四级的目标，并制订了详细的学习计划，但由于各种原因，如频繁的聚会、玩手机等，导致没有按照计划进行学习。这就是执行过程中存在的问题，需要加强自我管理和自律。

（一）职业生涯规划评估的作用

许多人在面对职业生涯规划时，常常陷入一个误区，认为一旦制订了计划，就可以一直按照这个蓝图行动，直到生涯结束。但这种思维模式忽略了一个核心的事实，那就是变化是生活中唯一不变的事物。把职业生涯规划看作一次性、静态的任务是不切实际的。实际上，职业生涯规划应当是一个持续的、动态的过程。大学生应该定期回顾和评估自己的目标与当前的实际情况，看看是否与最初的规划相符。如果出现了偏差或者自身的期望发生了变化，就应该及时调整规划。至于如何调整，应取决于评估的结果。

1. 检查职业生涯策略是否得当

在制定职业生涯规划时，得当的策略是非常重要的。一个好的职业生涯策略应该是基于对自己的深入了解，包括自己的兴趣、能力、价值观和长期目标。然后，在这个基础上，制订相应的学习、培训和工作计划。然而，生活并不总是按照预想的方式发展，尤其是在职业生涯这样一个长期的、充满变数的旅程中。因此，不断地反省、调整和更新策略是非常必要的。例如，一个人可能在大学时代非常热衷于某一个专业领域，制订了相应的职业生涯计划，但在进入职场后发现实际的工作内容与自己的期望有很大的出入。这时候，坚持原来的计划并不是最好的选择，需要重新评估自己的兴趣和能力，调整职业生涯策略。

2. 检验职业生涯目标是否得当

职业生涯规划是一个细致和长远的过程。尽管规划的每项内容都是建立在自我分析和客观事实的基础上，但大如国际形势的波动、国家政策的修正，小如组织结构的革新、自身能力的增减，这些都将深刻地影响人们所制定的职业目标。

除了外部环境的影响，内部因素同样关键。大学生刚刚踏入社会，往往心态尚未成熟，缺乏真正的社会经验。受到大环境的影响，他们可能对自己的评价过高，期望过于乐观，这导致了他们制定的职业生涯规划与现实之间存在巨大的鸿沟。结果，这些年轻的毕业生在进入职场后，往往会发现自己的期望与实际工作大相径庭，因此跳槽率居高不下。因此，大学生在职业生涯的每一个阶段，都要认真地思考和反思。所选择的职业是否真的是自己的兴趣所在？它是否真的适合自己的性格和能力？这些问题的答案要在实际工作中不断地摸索和寻找。

3. 及时调整职业生涯规划目标

阶段性的评估有助于大学生及时调整职业生涯规划。周围的环境和个体自身是不停地变动和演进的。这种动态性要求大学生对自己的职业规划持续保持敏感并做出适应性的调整。长时间不进行评估可能导致问题的积累。问题最初出现时，往往比较小，容易解决。但如果这些问题被忽视，随着时间的推移，它们会变得更加复杂，甚至可能导致规划的完全偏离。职业指导专家为何建议每年至少做一次评估，就是因为一年的时间足够让一个人经历很多变化，无论是工作环境、个人技能、兴趣爱好，还是生活目标。这样的评估频率有助于及时纠正实施过程中出现的偏差。

（二）职业生涯规划评估的标准

职业规划不应被视为一次性的决策，而应是一个动态的、持续进行的过程。动态的职业规划意味着在整个生涯中都需要随时调整和重新评估。每一个阶段，无论是在学习还是工作中，都会面临新的挑战和机会。如何确保自己所走的路与初心相符，与梦想相接近呢？这就需要不断地进行自我评估。评估不仅是对自己目前的能力和技能进行检查，更是一个了解自己的过程。例如，一个大学生可能会问自己：我当前所学的专业真的符合我的兴趣和理想吗？在不考虑工作的前提下，我在学习中的目标是什么？我有自己创业的想法吗？值得注意的是，虽然证书和培训在某种程度上可以帮助大学生提高技能，但它们并不能完全解决所有的职业问题。真正的关键在于清晰地知道自己的职业目标，这样才能更准确地评估自己的差距，并采取相应的行动来填补这些差距。

对于即将走出校门的大学生来说，除了对自己进行评估外，了解真实的企业组织评价标准也十分关键。每个企业和组织都有自己的价值观和文化，了解这些评价标准可以帮助大学生更好地适应工作环境，更快地实现职业上的成功。

（三）职业生涯规划评估的方法

大学生在进行职业生涯规划评估时，可参考以下几个方法（图 4–2）。

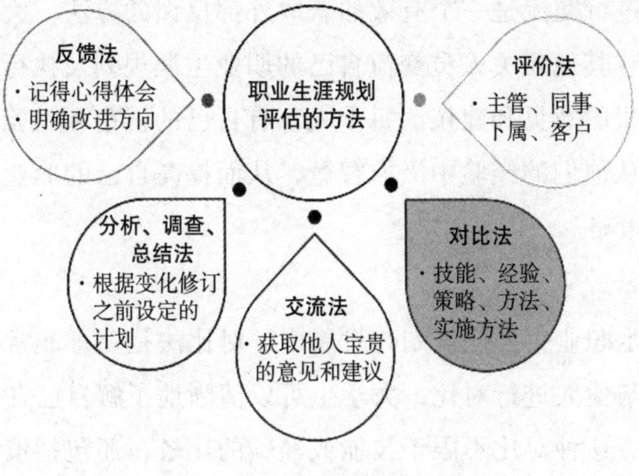

图 4–2　职业生涯规划评估的方法

1. 反馈法

反馈法是一个有效的自我评估方法。大学生通过准备一个记录本，可以记录学习和思考过程中的心得体会。不仅如此，大学生参加的所有活动和对应的感想都可以在此进行记录。通过不断地回顾这个记录本，大学生可以很容易地看到在某个时间段内的成长和变化，也可以检查并修订自己的职业生涯规划。这样就可以明确了解哪些事情还没有做好，哪些学习和工作方法需要进一步改进，以及哪些能力迫切需要提升。

2.分析、调查、总结法

为了确保职业生涯规划的实现，定期的总结和分析是非常必要的。每当一个月或一个学期结束后，大学生应花一些时间总结这段时间的收获，并思考这些收获对实现最终的目标是否有所帮助。此外，每当实现一个短期目标后，大学生都应该重新调查和分析即将面临的环境和条件，了解原本的条件是否已经发生了变化，或者新的机会和挑战是否已经出现。在这种情况下，确切了解哪些条件变得更好，哪些变得更差，以及总体的变化趋势是非常重要的。然后，大学生可以根据这些变化修订之前设定的计划，以确保每一步都能够更接近最终的目标。

3.交流法

与他人进行交流是一个有效的获取外部反馈的方法。大学生经常与同学、老师或其他相关人员交流自己的职业生涯规划及执行情况，可以获取他们宝贵的意见和建议。每个人都有自己的视角和经验，大学生通过交流可以从他们的经验中汲取智慧，从而提高自己的职业规划的质量和改进实施策略。

4.对比法

在大学生职业生涯的规划与发展中，对比法是一种非常有益的评估策略。通过与他人进行对比，大学生可以清晰地了解自己在某些方面的优势和不足。这种对比不限于技能或经验的比较，还包括策略、方法和实施方式的比较。

5.评价法

评价法的核心在于获取全方位的反馈。这一方法中的评价者涵盖各种与被评价者密切接触的人员，包括上级主管、同事、下属和客户等。这种多角度的评价可以为个体提供更为丰富和多元的信息。

（四）职业生涯规划评估的步骤

1. 确定评估目的

每项任务的开展都需要明确目标和意图。特别是大学生在进行职业生涯规划的评估时，应该先思考这样的评估背后的意义。评估不仅是对过去的回顾，还是为了未来更好地规划与调整。因此，在开始评估前，大学生需要确定评估的核心目的：是为了找出自己的不足，还是为了确认自己的发展方向，或者是为了获得更好的自我认知？明确这些目的后，他们可以更有针对性地进行评估，确保每一步都为未来的职业发展铺路。

2. 进行自我评价

真正了解个体的只有个体自己。自我评价主要包括按完成时间评估和按完成性质评估两方面的内容。

（1）按完成时间评估。时间是评估效率和进展的重要因素。如果一个人按计划的时间完成了所设定的目标，这通常意味着他的计划和策略是合适的。但如果无法在预定的时间内完成某项任务，就需要深入反思是什么阻碍了进展。是外部环境，还是自身的策略和能力有所欠缺？找到答案后，大学生就可以有针对性地进行调整，以确保未来的成功。

（2）按完成性质评估。单纯的按时完成任务并不足以证明其有效性。质量是评估任务完成情况的另一个关键因素。如果大学生在完成某项任务时感到困难重重，或者完成的结果不尽如人意，就需要反思为什么会这样，可能是因为目标定得过高，或者是因为缺乏足够的紧迫感和专注。反之，如果完成任务过于轻松，可能意味着设定的目标过低，这时需要调整目标，确保它能够充分挑战自己。

3. 评价反馈信息

反馈信息是提高效率和完善职业生涯规划的关键。然而，由于各种原因，反馈信息并不总是准确的。在某些情况下，反馈信息会受到偏见、顾虑或其他因素的影响，导致其失真。例如，出于礼貌或担心冒犯他人，一些人会提供不准确或不完整的反馈信息。因此，对收到的所有反馈信息进行仔细的评估和筛选是非常必要的。在接收到反馈信息时，大学生应该认真考虑反馈信息的来源、动机以及内容。这有助于区分哪些反馈信息是真实的，哪些可能是出于其他目的而给出的。只有选择对个人真正有价值的信息，才能确保在调整和优化职业生涯规划时得到有效的结果。

4.得出结论

评估是一个系统的过程，涉及收集、分析和解释信息。大学生在对所有收集到的反馈信息进行仔细分析后，最终的结论将浮现出来。得出的结论应该基于事实和数据。如果结论指出某些方法或策略不够有效，那么大学生就应该考虑进行调整。相反，如果结论显示某些策略特别有效，那么这些策略在未来的计划中可能会得到进一步的强化。

二、大学生职业生涯规划的调整

在制定职业生涯规划时，大学生由于对自身及外界环境都不十分了解，最初确定的职业生涯目标模糊、抽象、错误的现象极为常见。经过一段时间的实施后，目标越来越清晰，错误也逐渐显现出来，这时候大学生可以对自己的职业定位和职业方向重新进行判断、调整。

许多大学生在毕业后面临的第一个挑战便是找工作。但由于缺乏自我认知，有些人选择了与其真实兴趣和能力不符的工作。这样的选择背后的心态可能是“先有一个工作再说”。但他们进入工作岗位后，很快就会发现自己不喜欢甚至无法胜任这项工作。结果，这些人会频繁地换工作，希望在新的环境中找到满足感。但这种无目的的跳槽最终会导致事业上的停滞，还会浪费自己宝贵的时间。对于这种情况，生涯规划的反馈与调整变得尤为重要。反馈可以帮助个体了解自己在实际工作中的表现和成果，而调整则是根据这些反馈重新设置或优化目标。例如，如果一个人发现自己在目前的工作中感到不满意，他应该思考是什么原因导致的这种感觉。是因为工作内容不符合自己的兴趣，还是工作环境不适合自己？还是自己的技能和知识与工作要求不匹配？找到原因后，他可以对职业生涯规划进行相应的调整，如选择与自己兴趣更匹配的行业或岗位，或者提高自己的技能和知识以满足当前工作的要求。

（一）调整目的

1. 决策：坚持还是放弃

每个人在职业生涯的某个阶段都可能遇到挑战和困境。在这些时刻，最重要的是决策：是应该坚持当前的目标，还是放弃并选择一个新的方向？这种决策不仅要基于当前的困难，还要基于长远的职业发展视角和自身的兴趣、能力。如果认为当前的目标不再适合自己，或者实现它的可能性很低，那么应该考虑进行调整。相反，如果仍然相信这个目标的价值，并且有信心可以克服当前的困难，那么应该坚持下去。

2. 评估实施效果及策略合理性

在向目标前进的过程中，大学生会遇到许多外部和内部的因素。这些因素可能是帮助或妨碍实现目标的。评估可以帮助他们明确哪些因素对实施效果有关键影响，从而对这些因素加以管理和控制。同时，评估也可以帮助大学生了解实施策略的合理性。

3. 明确调整方案与生涯规划

大学生一旦识别出需要改进的地方，就应该立即制订调整计划。这个计划应该明确指出如何进行改进，以及期望的结果。此外，大学生还应该确保这个调整计划与长期的生涯目标相一致。

（二）调整内容

对职业生涯与发展规划进行调整的内容如下。

1. 生涯目标的重新选择

生涯目标是职业生涯规划的核心。随着时间的流逝，某些原定的生涯目标可能已经不再适合。这有内部原因，如兴趣的变化、能力的增强或减弱；也有外部原因，如市场变化、行业趋势等。在这种情况下，大学生就需要重新选择生涯目标。

2. 生涯发展路线的重新确定

生涯发展路线是实现生涯目标的具体路径。随着环境的变化或个体的成长，原先设定的路线可能已不再适用。重新确定路线可以确保更有效地达到目标。

3. 阶段性生涯目标的调整

每个长期的生涯目标都可以分解为多个阶段性目标。这些阶段性目标应该是可测量的，并与长期目标紧密相关。大学生如果发现某些阶段性目标已经不再合适，应该对其进行相应的调整。

4. 生涯发展目标的调整

生涯发展目标与个体的成长和进步相关。随着经验的积累和技能的提高，大学生可能需要调整生涯发展的目标，以确保它们与自己的实际情况相匹配。

5. 生涯目标实施策略的变更

实施策略是实现生涯目标的具体方法。大学生如果发现某些策略不再有效，或者存在更好的策略，那么应该考虑变更实施策略。

（三）影响因素

1. 环境因素

环境因素包括社会、政治、经济、科技、自然和法律环境，它们在决定职业机会的产生、发展和转变中起到了重大作用。例如，经济的快速增长会带来新的行业和职业机会，而科技的进步会使某些职业变得过时。尽管这些因素在很大程度上是不可控的，但了解和分析它们的影响对职业生涯规划至关重要。对这些因素的深入理解可以帮助大学生预测未来的趋势，从而更好地适应变化。

2. 组织环境

对于大多数学生来说，他们的职业生涯与某个或某些组织紧密相关。因此，组织环境对职业生涯的发展有着直接的影响。组织的大小、结构、文化、发展状况、人力资源策略等都可以影响个体的工作满意度、职业成长和晋升机会。要改变组织因素非常困难，但个人可以选择到适合自己发展的组织中工作。

3. 个人因素

个人因素包括但不限于年龄、性别、教育背景、工作经验和人格特质。这些因素在很大程度上决定了个体的兴趣、能力和价值观，从而影响职业选择和满意度。正视自己的优点和缺点，持续的自我提升，是实现职业目标的关键。

（四）调整方法

1.PDCA 循环法

在职业生涯规划实施的过程中，反馈与调整评判一个人的职业生涯规划是否有效，有一个重要的方法即 PDCA 循环法。

（1）计划（plan）。计划阶段要求个人对自己的职业生涯进行深入的思考和规划，即确定明确的长期和短期目标，制定详细的策略，并为实施策略准备所需的资源。在这一阶段，对个人的职业价值观、兴趣、技能和经验进行深入的自我分析尤为关键。大学生只有深入了解自己，才能制订真正适合自己的职业生涯计划。

（2）执行（do）。在制订计划后，接下来的步骤是将计划付诸实践。这需要持续的努力和坚定的决心。执行不仅是关于实施某个具体的任务，还涉及调整心态、积累经验和学习新技能。在这个过程中，大学生会遇到各种挑战和困难，但关键是要保持专注，并始终坚持原定的方向。

（3）反馈（check）。在这一阶段，大学生需要检查和评估自己的实际表现与预期目标之间的差距。这涉及对自己的行为和结果进行客观地评估，找出偏差的原因，以及考虑如何在下一次的执行中进行改进。这一阶段的主要目标是确保自己始终沿着正确的路径前进。

（4）行动（action）。在对以往行动的结果进行检验的基础上，大学生应对方案进行调整完善后再执行。当反省之后，他们会得出一些新的方法，据此才能在不断地调整中一步步靠近目标。

2. 具体的调整步骤

大学生职业生涯规划的具体调整步骤如下（图 4-3）。

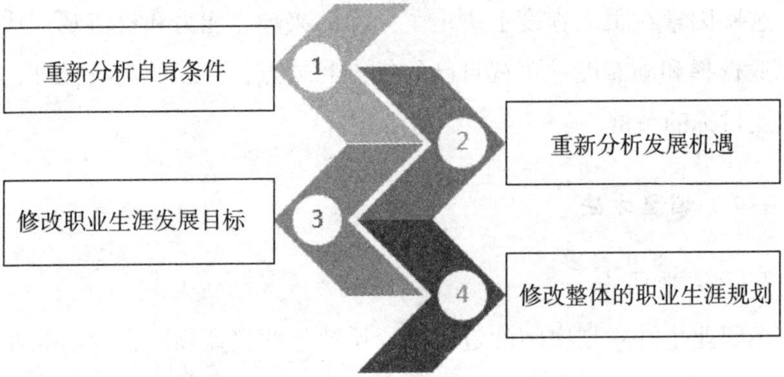

图 4-3　大学生职业生涯规划的具体调整步骤

（1）重新分析自身条件。这一步骤主要涉及两个方面：重新审视自身条件与产生调整意向。重新审视自身条件是调整职业生涯的重要起点。这一步不仅涉及回顾过去的成就和经验，更要深入思考“我能做什么”和“我能做得好的是什么”。这种反思可以帮助大学生明确个人的优势和劣势，从而更加明确未来的职业方向。在进行实际的职业活动后，很多人会发现原先设定的目标与实际情况有出入。这种差异源于初次规划时的理论性分析，这种分析缺乏与实际工作经验的结合，导致职业选择的非理性。但通过实际的工作经验，大学生可以更加真实、客观地评估自己的能力和职业需求，从而做出更为明智的决策。

重新分析自身条件是在对原定规划已有调整意向的前提下进行的，即已对新目标有了初步想法。这种调整意向往往是在有了新的发展目标，至少是对第一阶段目标已经有了调整决心时产生的。毕业生在求职实践或从业实践中，与职场有了“零距离”接触，开阔了视野，对繁花似锦的职业世界有了进一步了解，因而产生了调整长远目标或阶段目标的决心。

（2）重新分析发展机遇。随着家庭、行业以及社会经济条件的不断变化，大学生需要围绕新的目标对当前经济社会的发展趋势进行分析。

（3）修改职业生涯发展目标。大学生在修改职业目标时，首要任务是深入分析和了解自己的价值取向。大学生在求职或从业过程中，会积累大量的实践经验。这种实践经验与学校里所学的理论知识有所不同，更注重实际应用和解决实际问题。因此，对于已有求职或从业经验的毕业生来说，他们的发展目标的价值取向更为实在和务实。实在的、务实的价值取向，对于修改职业生涯发展目标或阶段目标，是十分有益的。大学生在取得求职或从业实践经验的基础上，对原有的价值取向进行深刻的反思，是修改职业生涯目标的重要保证。

（4）修改整体的职业生涯规划。每个人在选择职业路径时都会制定一定的规划。但随着时间的推移，他们往往会发现原来的规划中存在一些问题或者自己对原规划的执行情况不如意。这时，进行深度的反省和回顾就显得尤为重要。反思原先的规划和执行情况，可以更准确地找到问题的根源，从而为制定新的规划提供有力的参考。此外，这种反省和回顾不仅能帮助大学生更好地调整职业生涯规划，还能够提高他们的自我管理能力，使他们在职业生涯中更有目标、更有方向。

在制定新的职业生涯规划时，大学生首要考虑的应该是整体的长期规划。这是一个纲领性的规划，它为大学生的职业生涯提供了一个长远的目标和方向。接下来是中期发展规划，即 3 至 5 年的职业生涯规划。这是一个更为详细、更具体的规划，它为大学生提供了一个中期的发展蓝图。最后是短期规划，即1年的职业生涯规划。这个规划更注重实际和可操作性，变化较小，为大学生提供了一个近期的行动指南。在这个规划中，他们可以设定具体的目标，如提升某项技能、完成某个项目或者达到某个职位，以及如何达成这些目标。

（五）调整要素

职业目标主要表现为外职业生涯规划，但其中也蕴含着内职业生涯规划。尽管外职业生涯规划和内职业生涯规划的出发点和关注点有所不同，但它们的核心目标是相同的：促进个人的全面发展，实现个人和社会的和谐共生。每个人都希望在职业生涯中不断完善自己，实现自我价值，同时为社会做出积极的贡献。职业生涯规划不是一次性的决策，而是一个持续、有机的探索过程。随着时间的推移，人们的兴趣、能力、价值观以及外部环境都可能发生变化，因此规划也需要随之调整。职业生涯规划的制定需要在客观现实的基础上进行合理的逻辑推理，也就是说，规划必须既现实又有前瞻性。过于乐观或悲观的预测都可能导致规划的失败。因此，科学的预测和实际的操作是紧密相连的，它们需要共同作用才能确保规划的成功实施。

生活中总会有意料之外的变故。有时职业目标在某一阶段难以实现，但这并不意味着应该放弃，大学生可以尝试扩大自己的就业范围，主要是扩大就业地域，而不是改变自身的职业追求。因为在不断变化的社会中，知识始终是推动社会前进的最大动力，它在任何时候都受到人们的重视。职业目标，无论在何时何地，都具有积极的意义。

影响大学生职业生涯规划的因素很多，且这些因素随时都有可能发生变化。为了保证自己的职业生涯规划行之有效，大学生就必须不断地对自身职业生涯规划进行评估与调整。在工作中，每个人都会面临一系列的选择：是继续在当前岗位努力工作，争取升迁机会，还是选择辞职跳槽，寻找新的机会？又或者是考虑创业，走自己的路？在考虑这些问题时，大学生应特别注意以下几个核心要素。

1. 技能与要求

技能与要求的变化性是职业生涯中的一个普遍现象。随着时间的推移和技术的更新，人们在工作中所需的技能也在不断发展。为了保持职业生涯的持续性和竞争力，人们需要不断地重新评估自己的技能和要求，并根据这些变化做出相应的调整。不断的学习和提升，使得一个人能够更好地适应工作环境的变化，从而为自己创造更多的发展机会。同时，这种不断地调整和学习也有助于确保职业生涯的持续性和稳定性，避免因为技能与要求的变化而被淘汰。

2. 机会成本

机会成本指的是在多个选择面前所付出的代价。每一个职业阶段都伴随着这种机会成本的问题。一个高管可能面临是否接受一个海外的职位，这意味着他需要远离家人和孩子。一个年轻母亲可能在思考是否放慢职业步伐，去更多地照顾她的孩子。这些选择没有对错，但都涉及机会成本的权衡。这一问题如果得不到很好的解决，大学生便不能准确地评估自己的职业决策，在职业选择上也将是不稳定的。

3. 工作和家庭的协调

对于许多人来说，工作和家庭之间的平衡是他们在职业生涯中需要面临的一个重要问题。很多人希望能够将工作和家庭完全分开，但实际上，这两者之间存在着密切的联系，而且这种联系在当今社会中正在变得越来越紧密。因此，为了确保职业生涯的成功，人们需要认真地考虑如何在工作和家庭之间找到一个合适的平衡。

4. 工作业绩

工作业绩是衡量一个员工价值的关键指标，也是决定其职业成长的重要因素。在现代职场中，尤其在竞争激烈的行业中，人们很容易产生一种追求短期利益的心态，如过于关注加薪、升职等。这种心态往往会导致员工在职业发展上过于浮躁，缺乏长远的规划。他们可能会因为一时的诱惑而做出不利于长远发展的决策，从而在职业生涯中迷失方向。相反，真正明智的员工会更加关注自己的工作绩效和技能的提升，因为这是真正能够为其带来长期职业成功的关键。

而在职业生涯规划和调整过程中，除了自身的工作绩效和技能外，大学生还需要充分考虑外部环境，即社会与组织的需求。这是因为任何行业和职业都不是孤立存在的，而是与整个社会、经济、文化环境紧密相连的。只有当员工的职业规划与社会和组织的需求相匹配时，他们才能够更好地实现自己的价值，从而获得真正的职业成功。

第五章　当代大学生职业生涯阶段管理

第一节　职业生涯管理的基本内容

一、职业生涯管理的定位

面对职业的选择、转变和升级，每个人都需要经历一系列的决策和努力。而这个连续性的过程被称为职业生涯。这涉及人们的行为、态度、价值观、愿望等多方面的因素。在这样一个复杂而长期的过程中，有效地进行职业生涯管理成为每个人和每个组织都要面对的课题。

从宏观的角度看，职业生涯管理包括两个层次：个人职业生涯管理和组织职业生涯管理。个人职业生涯管理是一个人根据自己的兴趣、能力和市场需求，为自己的职业发展制定目标、计划和策略的过程。在这个过程中，个人不仅要对自己进行深入的了解，还要不断地学习、进修，以适应不断变化的市场需求。自我管理和自我激励在此起到了关键的作用。个人职业生涯管理的核心在于“自我”。只有真正了解自己，才能有效地规划和管理自己的职业生涯。组织职业生涯管理是指组织根据自身的战略发展需要，帮助员工规划职业生涯，为员工提供成长的机会。在这个过程中，组织不仅要关心员工的职业发展，还要确保员工的发展与组织的目标相一致。员工既是职业生涯管理的对象，又是其主体。员工的自我管理、自我激励以及与组织的合作都是职业生涯管理的重要组成部分。另一方面，组织也应该扮演起职业生涯管理的主导角色，为员工提供必要的支持和资源。在这种相互依赖的关系中，个人和组织都能从中受益。员工能够获得更好的发展机会，实现个人价值，而组织也能获得更加专业、高效的团队，从而实现组织的目标。

概括而言，职业生涯管理应有以下定位。

（一）职业生涯管理是员工与组织双向的职业活动

职业生涯管理涉及每个人和每个组织都要面对的课题，即如何将组织的战略目标与员工的个人职业目标有机结合。

从组织的角度看，员工是其最宝贵的资源。组织的成功取决于员工的努力和贡献。为了确保组织的长期稳定和发展，员工的职业发展不应被忽视。只有当员工看到自己在组织中的价值和未来，他们才会全心全意地为组织付出。从员工的角度看，他们追求的不仅仅是工资和福利，更重要的是自我实现的机会。当员工觉得他们的才华得到了认可，他们的努力得到了回报，他们的职业生涯有了明确的发展方向，他们就会更有动力、更有热情地为组织工作。现实社会中时常出现因人才流失导致的组织危机，其原因可能有很多，如工资不高、福利不足、工作环境不佳等，但更深层次的原因是，组织没有将员工放在首位，没有为他们提供与组织发展相一致的职业生涯机会。

（二）职业生涯管理是员工与组织双方动态的运动过程

职业生涯管理是一个相互影响的双向过程，其中员工与组织必须实现协同工作和灵活适应。在这个动态的过程中，团队和个体不断地面对挑战和机遇。组织的目标和员工的需求都像河流中的水，时刻在变动和流动。为了适应这些变化，组织需要对员工的状态和需求保持敏感，努力挖掘并激发他们的学习和工作的激情。

（三）职业生涯管理应坚持以员工自身发展需求为目标

组织职业生涯管理的核心理念应当是“以人为本”。这意味着在进行管理活动时，组织应将员工的个人发展需求置于首位。每个员工都有其独特的心理发展特点和职业抱负。了解这些特点并与之互动，是组织必须进行的首要工作。当组织能深入研究员工的内心世界并真正尊重他们的权利和意见时，它就为自身创造了一个积极、健康和高效的工作环境。

二、职业生涯管理的意义

（一）有利于更好地应对社会的经济变革

我国正处于一个变革的时代，每一次社会的变革，都是对一个国家、对一个社会、对每一个个体的考验。在这样的环境下，一些曾经雄霸一方的企业因为无法适应新的市场环境而走向兼并、破产或者倒闭；而另一些在旧有体制下默默无闻的企业，却因为抓住了新的市场机会和模式创新，迅速崛起，成为行业的新宠。对于个人来说，面对这样的急剧变化，如何在职场上立足、如何保持自己的竞争力，成为每个人都必须思考的问题。合理的职业生涯管理显得尤为重要。这包括对自己职业定位的明确、持续的学习和技能提升，以及对市场变化的敏感度。只有个体提高自己的职业适应性，才能在变革的浪潮中稳定前行，或者说，泰然面对挑战。

（二）有利于维持组织和员工的学习积极性

创建学习型的组织是每个领导者的愿景。当组织倡导学习和创新的文化时，员工会更加愿意接受新的挑战和机会，这无疑会为组织带来更多的竞争优势。为了实现这一愿景，组织不仅仅要提供资源和条件，更重要的是通过职业规划为员工制订有针对性的教育和培训计划。例如，某一部门的员工在技术方面存在短板，而该技术恰好是未来市场的一个热点。通过职业规划，组织可以及时发现并有针对性地安排这部分员工进行相关的培训和学习，这样不仅为员工带来个人能力的提升，也为组织带来了更强的竞争力。

（三）为个人提供明确的方向和目标

职业生涯管理可以帮助个人认识自己的长处、兴趣和价值观，并据此设定明确、可行的职业目标。明确的目标会让人有更强的驱动力去追求，也更容易得到职业上的满足感。

（四）促进组织的人才发展和留存

对于组织来说，职业生涯管理不仅可以帮助其发掘和培养人才，还可以提高员工的忠诚度。当员工感到公司关心他们的职业发展时，他们更愿意为公司付出更多，并长期留在公司。

三、职业生涯管理的特征

（一）能满足组织和员工的双重需要

职业生涯管理具有满足组织和员工双重需求的独特价值。对于员工来说，职业生涯管理是他们成长、发展和自我实现的平台。在这个平台上，员工可以根据自己的职业规划，寻找与之匹配的发展机会，从而更好地提升自己的职业技能和专业素养。对于企业而言，职业生涯管理是将员工的发展与企业的战略目标有机结合的桥梁。一个有远见的企业会充分认识到员工是其最宝贵的资源。因此，通过职业生涯管理，企业可以更加精准地为员工提供培训和发展机会，使员工的技能和知识始终与企业的战略目标保持一致。人性化管理与以人为本的管理哲学越来越受到企业的重视。当员工感受到企业对其个人发展的关心与支持时，他们的工作态度也会发生积极的变化。员工会把“要我做”的被动状态转变为“我要做”的主动状态，更加热爱自己的工作，主动承担更多的责任，充分发挥自己的主人翁作用，从而极大地提高工作效率和企业的经营效益。

（二）员工和组织共同承担责任

近年来，随着科技的快速进步和全球化的深入发展，职业环境正在经历深刻的变革。终身雇佣的模式已经逐渐退出历史舞台，员工的稳定性不再仅仅依赖于企业，而更多地依赖于自身的“可终身雇佣的能力”。这意味着在现代职场，个体的专业能力、适应性和持续学习的意愿成为决定其职业稳定性和发展的关键。组织和员工要共同承担责任，组织有义务为员工提供自我提高的机会，而员工也必须把握自己的职业命运。

（三）完整的组织管理和完善的信息系统

职业生涯管理包括以下几方面。

第一，组织的发展战略、经营理念、制度、价值观。企业的战略规划和经营理念为职业生涯管理提供了指导方向。制度和价值观则为员工的职业发展提供了具体的操作框架。组织应明确其对人才的需求和期望，同时充分尊重和珍视员工的价值和贡献。

第二，人力资源的供求情况、职位空缺、晋升制度。为员工提供清晰的职业发展路径是职业生涯管理的重要内容。通过对人力资源供求的准确把握，组织可以为员工提供更多的晋升机会和更合适的岗位。

第三，员工个人情况。了解员工的专业背景、职业经历、技能和特长是为其提供个性化职业发展建议的基础。每个员工都有其独特的职业需求，因此企业应当尊重并对其进行个性化的管理。

第四，员工的工作业绩及工作表现。这是评价员工在公司的价值和潜力的重要指标。通过对员工工作业绩和工作表现的持续跟踪，企业可以为其提供更加有针对性的培训和发展机会。

第五，员工的个人需要、价值观、发展目标。企业不仅要关注员工的工作能力，还要关心他们的个人需求和职业抱负。只有当企业与员工的目标和价值观达到一致时，双方才能实现真正的合作与共赢。

（四）管理形式的多样化和内容的广泛性

随着时代的发展和社会的进步，职业生涯管理的理念也在不断地演变，从过去那种以个人为中心的单一职业管理，转型到了一个更为全面、双向的职业管理模式；从仅关注个体的职业发展，扩展到员工的个人与家庭发展的协调上。社会的进步使得人们有了更多的职业选择，也为他们提供了更为丰富和多元化的职业管理工具和方法。现代的职业管理不再是简单的工作分配或晋升机制，而是一个综合性的体系，涵盖了员工的培训、发展、职业规划、家庭和工作生活平衡等多个方面。

第二节　当代大学生职业生涯的早期管理

从个体角度观察，职业生涯的发展像是一个有章可循的旅程，分成早期、中期和后期。每个阶段都有其独有的特征和挑战，由员工的生命经历和所处的环境共同塑造。职业生涯早期阶段，是指一个人由学校进入组织，在组织内逐步“组织化”，并最终为组织所接纳的过程。这一阶段一般发生在 20 ～ 30 岁之间。

一、职业生涯早期管理的个人特征

步入社会工作的前五年，被广泛认为是职业生涯发展的早期阶段。在这个阶段，员工正处于他们的青春岁月。无论是从生命周期、社会家庭背景还是生命空间的角度，他们都面临着特定的任务，如融入新的工作环境、寻找与自己价值观和长期目标相匹配的职业方向，以及适应成年的角色和责任。在职业生涯的早期阶段，员工经常充满热情和好奇心，但也可能面临着不确定性和焦虑。对于他们来说，这是一个学习和探索的时期。他们会在多个职位或组织之间跳槽，试图找到适合自己的工作环境和角色。及时了解和正确分析这一阶段的个人特征，有利于大学生更好地认识自己，使自己更快地进入职业角色、融入组织。

职业生涯早期的个人特征如下。

（一）积极进取，争强好胜

进取心通常被视为一种积极的品质，它驱使人们追求卓越，挑战自我，持续发展。但是，在职业生涯的早期，由于个人经验不足，这种进取心会带有一些浮躁和冲动。这种浮躁和冲动会使他们在面对工作时过于追求速度而忽视细节，或者高估自己的能力，而低估他人。当工作出现失误时，他们倾向于将责任归于外部因素，而不是反思自己的错误。此外，由于争强好胜，有时他们会在团队合作中过于突出自己，影响到团队的整体和谐与合作。

（二）充满朝气，踌躇满志

许多初入职场的大学生有一种天不怕、地不怕的勇气。他们的职业理想和抱负，驱使他们勇敢地面对并挑战各种困难。他们对新事物的接受速度快，对成功有着强烈的欲望，这种朝气和踌躇满志为组织带来了很大的活力。然而，随着工作的深入，这些员工会面临两种情况。如果他们在工作中得到了认可，能力得到提高，他们的自信心和对职业的信念会进一步加强。但如果他们遇到了困难和挫败，可能会对自己的职业生涯产生怀疑，变得过于保守和胆小。

（三）初筑爱巢，组建家庭

在职业生涯早期，员工除了职业上的学习与成长，另一个重要的生活事件是初筑爱巢和组建家庭。这个阶段，多数员工正处于单身到组建家庭的过渡，面临的家庭问题相对较少，任务也较轻，但新的责任与挑战逐渐浮现。对于许多人来说，组建家庭意味着开始与另一半共同面对生活的点点滴滴，这涉及处理与配偶的关系、财务规划、购房、生育等多方面的内容。此外，当家庭迎来了新的生命，抚养子女的责任与挑战也随之而来。这些新的角色与责任会导致员工的自我意识发生变化，从单纯的关心自我逐渐转向关心家庭，培养起养家的动机和强烈的责任感。为了家庭的稳定与和谐，员工需要学会如何平衡工作与家庭，如何为家庭创造更好的生活环境。

而在工作上，员工在这个阶段仍然是职业新手，处于学习和探索的时期。他们面临许多新的挑战和机会，需要不断地提升自己的技能和知识，以适应职场的变化。在这一时期，员工的心理特征和态度对其职业生涯的发展有着重要的影响。员工了解自己的优点和缺点，调整自己的态度和行为，对于实现长期的职业目标至关重要。

二、职业生涯早期个人组织化

当一个大学毕业生决定加入一个组织，他们将不再仅是学生，而是开始扮演职业人的角色。这一转变涉及对新环境的适应，对组织的理念、价值观、行为模式和规范的接受和学习。而组织通过各种培训和指导，努力向新员工传达这些核心信息，确保他们能够顺利地融入工作环境。这一过程并不是单向的。在个人试图适应组织的同时，组织也在观察和测试这些新员工，以确定他们是否适合组织的文化和需求。这是一个双向的相互考察期，对于员工来说，他们需要确定自己是否喜欢和认同组织的文化和价值观；而对于组织来说，它需要确定这些新员工是否具备成功完成任务和融入团队的能力。在组织化过程中，员工的态度、能力和行为与组织的期望和需求相互交织。只有当双方都满足彼此的需求时，这一过程才能顺利进行。这是一种双赢的合作关系，员工能够在组织中找到自己的位置和价值，而组织也能够从这些新员工中获得新的活力和创意。

（一）员工在个人组织化过程中承担的任务

新员工进入组织的初期，往往是一个充满挑战和机遇的时期。从组织的文化到具体的工作任务，每一个细节都需要新员工逐步了解和适应。为了更好地融入组织并取得职业上的成功，新员工需要注意以下几个方面。

1. 掌握职业技能，成为真正的专家

新员工首要的任务是确切了解自己的岗位职责并掌握必要的职业技能。在这一过程中，克服依赖心理并学会独立完成任务是关键。这意味着不应盲目依赖他人，而应当积极寻求答案，处理工作中的问题。新员工应从小事开始，注意细节，确保每一项任务都完成得尽量完美。此外，向经验丰富的同事学习，吸取他们的经验和智慧，是快速成长的好方法。

2. 融入组织文化，构建稳固的人际网络

新员工需要努力适应组织的文化和环境，包括了解组织的规章制度、价值观以及工作流程。在人际交往方面，新员工应避免陷入无谓的纷争和八卦，而要尊重和珍视与同事和上司的关系。建立稳固的人际关系不仅有助于日常工作的顺利进行，而且可以为未来的职业发展打下坚实的基础。

3.正视挑战，不断进步

每一位员工都会遇到各种困难和挑战，新员工尤其如此。重要的是，面对困难时，要有积极的心态，勇敢地寻找解决之道。遇到问题不是坏事，它提供了一个学习和成长的机会。每一次克服困难都是一段成长的经历，不断的反思和总结会帮助员工更快地进步。

（二）个人组织化中的主要问题

在职业生涯的初始阶段，员工由于对组织不熟悉以及与同事和上司的关系尚处于摸索和适应过程，可能会因为未能准确把握彼此的期望和组织的文化，导致一些冲突和问题。这一时期常见的问题主要有以下几点。

1.现实冲击

在大学阶段，许多学生都致力于掌握尖端的知识和技术，他们满怀期待，希望能够在工作中运用这些知识，展现自己的能力，并期盼有机会获得晋升。他们对即将进入的职业世界抱有高度的期待。但当他们真正进入职场，很多时候，他们所遭遇的实际情况与之前的期待大相径庭。面对这种现实冲击，新员工需要冷静地对待。他们需要深入分析自己面临的问题，弄清楚问题的根源是组织导致的还是自身原因。例如，自己对工作的期望设置得过高，或者自己的能力与所在岗位不匹配。

对于由组织原因导致的问题，新员工可以考虑与上司或人力资源部门沟通，了解他们工作安排的原因，寻求更适合自己的工作岗位或项目。而对于自身原因导致的问题，新员工则需要反思自己，努力提升自己的能力，以更好地适应工作环境。同时，新员工也需要调整自己的心态，接受职场的现实。他们需要明白，每一份工作都有它的固有挑战，而这些挑战往往都需要时间和经验来克服。他们需要持续努力，持续学习，逐步适应和融入工作环境，找到自己在组织中的位置。

2.难以得到上司的信任和重用

踏入新的工作环境，新员工面临着很多的挑战和机遇。他们经常遭遇一个普遍问题：难以迅速获得上司的信任与重用。这不仅是因为新员工对公司的运作方式、文化和内部机制缺乏深入了解，也是因为上司和团队对这位新成员并不熟悉。在这种环境中，信任需要时间去建立。任何组织的领导都希望确保工作的顺利进行，避免由于新员工的失误或不足而带来不必要的麻烦。因此，上司更倾向于先分配简单和基础的任务给新员工，以期他们能够逐渐适应工作环境。对新员工而言，这样的待遇会让他们感到不被重视，甚至会影响到他们的工作积极性和职业发展。但是，与其沉浸于这种感受，不如采取一种更为积极和主动的态度来看待这一问题。通过尽快熟悉组织的运作模式、文化和规定，新员工可以加快自己的适应速度。

向经验丰富的同事请教和学习也是一个非常有效的方法。老员工通常拥有丰富的经验和知识，他们可以为新员工提供宝贵的建议和指导。通过与他们的交流，新员工可以更快地了解组织的内部情况。

（三）组织在个人组织化过程中应承担的责任

1. 对新员工进行上岗引导和岗位配置

上岗引导可以帮助新员工熟悉基本的工作流程和公司背景，更为他们提供了一个稳定的起点，从而让他们更快地融入团队和组织。上岗引导的核心目的是为员工打造一个温馨的入职体验，确保他们在新的环境中感到舒适和自信。为新员工提供清晰的工作指导，如工资的发放机制、工作时间安排和休假政策，这些都是基本的上岗引导内容。但如今，随着企业文化的发展和员工需求的变化，上岗引导的范围也在不断扩大。它已经不再仅仅是传达基本信息，而是为新员工构建一个完整的认知框架，使其更好地理解公司的使命和价值观。

许多先进的公司已经认识到，上岗引导不仅是传递信息，还是建立员工与企业之间信任关系的关键时刻。在这个过程中，企业可以明确传达自己的使命、价值观和目标，从而确保员工在今后的工作中与企业同心同德，朝着共同的目标努力。

2.提供一个富有挑战性的工作

对于新员工，早期的工作经验将深刻地影响其对整个职业生涯的看法和期望。入职初期是塑造职业意识、塑造工作态度的关键时期，这也是新员工对组织较为敏感和易受影响的时期。因此，提供一个富有挑战性的初始工作环境是培养新员工长期工作热情和忠诚度的重要手段。研究表明，为年轻管理人员提供的起始工作若具有挑战性，那么这些员工的工作表现和成功率会显著增加。即使在其入职后的五六年里，这种高效和成功的势头仍然能够维持。

3.在招聘时提供较为现实的未来工作展望

较大限度地降低现实冲击是提高新员工的长期工作绩效的有效途径之一。

招聘环节是企业与潜在员工的第一次互动，也是双方建立信任和相互了解的关键时刻。但在实际的招聘过程中，双方都可能由于各种原因传递出不真实的信息。例如，招聘者为了吸引优秀的人才，过分强调公司的优点和福利，而忽略了一些在实际工作中面临的挑战；同样，求职者为了给招聘者留下好印象，也会过分展示自己的优点，而掩盖一些不足。这种信息的不对称性会导致后续的不满和不信任。为了解决这一问题，为求职者提供关于未来工作的真实描述成为必要措施。这不仅仅是为了让求职者明白自己在公司可以获得哪些利益，更重要的是使其对公司的工作环境、文化和挑战有一个清晰和真实的了解。这样，当新员工入职后，他们所看到的工作环境和所期望的将更加接近，从而减少不满和失望。

4.对新员工严格要求，并开展职业规划活动

在新员工与其上级之间往往存在一种“皮格马利翁效应”[①]。也就是

① 《管理的艺术》编写组. 管理的艺术：专供版[M]. 哈尔滨：哈尔滨出版社，2017：185.

管理者对新员工的期望越高，对自己的新员工越信任、越支持，那么新员工的表现也就越好。主管人员的角色并不仅限于日常管理和任务指导，他们还需要对新员工提供持续的支持和鼓励。找到一个受过特殊训练、具有高工作绩效，并且愿意设定高标准的主管，能为新员工创造一个积极向上的工作环境。这样的工作环境可以鼓励新员工追求卓越，挖掘潜力，从而实现更好的工作表现。

此外，企业还需要鼓励员工积极参与自己的职业生涯规划和开发。通过提供相关培训，帮助员工认识到规划职业生涯和做出明智的职业决策的重要性是至关重要的。职业生涯规划不仅可以帮助员工了解自己的长期目标，还可以确保员工的职业目标与企业的发展目标相匹配。

三、职业生涯早期组织与员工的相互接纳

（一）相互接纳的内涵

相互接纳要求双方都做出努力，展现出对彼此的认同和接纳。员工需要认同组织的文化、价值观、工作方式等，并努力适应和做出贡献；而组织则需要认同员工的个性、能力、想法等，给予其足够的支持和机会。如果只有一方努力而另一方置身事外，那么真正地接纳是不可能发生的。

相互接纳还有助于员工与组织之间的关系变得更加清晰和明确。员工知道他们在组织中的位置，知道他们的责任和权利，而组织也知道如何有效地管理和使用员工的能力。这种明确性让员工有更大的安全感，更愿意为组织付出。从心理学的角度来看，相互接纳可以看作一种心理契约。员工与组织之间不仅有明文规定的职责和权益，还有很多未明说的期望和承诺。这些期望和承诺构成了员工与组织之间的心理契约，是双方关系的基石。违反这一契约会导致信任破裂、关系紧张，甚至导致员工的离职。

相互接纳并不是一蹴而就的，它是一个过程。从新员工入职的那一刻开始，这一过程就已经启动。而这一过程的持续时间会受到许多因素的影响，如工作性质、部门类型、上司风格、组织文化等。尽管如此，一般来说，这一过程会在受雇后的几年内完成。完成这一过程后，员工不仅会成为组织的正式成员，还会更加积极地为组织做贡献。

相互接纳是可以用具体事物来标明的。比如，员工获得更多的责任、更高的职位、更大的决策权等，都可以看作组织对其的接纳。反之，组织也可以通过员工的绩效、反馈、建议等感受员工对其的认同和接纳。

（二）相互接纳的标志

1. 新员工接纳组织的标志

（1）新员工决定留在组织中。当新员工选择继续留在组织中，这意味着他们已经接纳了组织和雇用条件。在当今的劳动力市场，尤其是在高度竞争的环境下，员工有更多的选择权。因此，新员工持续留在组织中，不仅是他们对组织满意度的反映，还是他们对组织和工作环境的深度认同和接受。

（2）新员工关注组织发展。新员工对组织发展的关心和他们的团队意识紧密相连。这些员工不仅遵守组织规章，而且积极地尝试融入组织的文化中。他们重视团队合作，愿意为团队做出贡献，显示出他们不仅是为了工资而工作，更是为了共同的目标和愿景而工作。

（3）新员工信任组织，对组织充满信心。信任是任何关系的基石，包括员工和组织之间的关系。新员工如果愿意为了组织的长远发展暂时接受一些不如意的工作条件，如较低的职位或工资，这显示出他们对组织的深厚信任。他们相信组织的承诺会在未来得到兑现，相信自己在这里的职业生涯会有所发展。

（4）新员工发挥高水平的内在激励。这种激励来源于对工作的热爱和对职责的高度认同。这些员工通常表现得十分积极主动，不仅完成手头的任务，而且愿意承担更多的责任。他们对工作充满热情，具备高度的责任感和事业心，不惜投入更多的时间和精力，甚至愿意参与一些高风险但有创意和挑战性的工作。

2. 组织对新雇员接纳的标志

（1）正面的实绩评定。正面的工作业绩评定常常是新员工首次感受到组织认可的方式。当一个新员工得到上司的肯定和表扬，这不仅能增强他的自信心，还能鼓励他为组织付出更多。但正面的实绩评定并不总是意味着完全的接纳。例如，当评价中使用了“进步不小”或“表现不错”这样的语句时，这可能意味着新员工仍然在被观察或试用中。但即便如此，正面的评价仍然为员工提供了一个积极的方向，使其更加努力去赢得组织的完全接纳。

（2）分享组织“机密”。当组织愿意与新员工分享特种信息或内部消息时，这是一个明确的信号，表明组织对新员工的信任。特种信息通常包括组织的内部动态、策略变化或其他敏感信息。当新员工获得这些信息，他们会感受到自己被视为组织的一部分，并且在组织中有一定的地位。这种信任是建立员工对组织忠诚度的关键，也是他们感受到自己被完全接纳的标志之一。

（3）流向组织内核。每个组织都有一个核心或内核，这是组织的决策中心和执行部门。对于那些有能力并接受组织价值观的新员工，组织通常会视其为潜在的骨干，并期望他们在未来能够为组织做出更大的贡献。当新员工被引导走向组织的内核，被邀请参与重要的决策和项目时，这表明组织已经在更大程度上接纳了他们。

（4）获得晋升。晋升对于员工是至关重要的，尤其是对于新员工。当新员工获得晋升时，这不仅意味着他们的能力和表现得到了认可，还意味着他们在组织中的地位得到了提升。晋升是一种垂直的职业发展，员工的职务等级和职责都有所上升。然而，流向组织内核与晋升并不完全相同。流向组织内核更多地反映了员工与组织的关系密切程度，以及他们在组织中的重要性。而与此不同，晋升是员工职务等级的上升，职责和权力都有所增加。

（5）增加薪酬。薪酬是员工工作的直接回报，对于大多数人来说，这是他们工作的主要动力。当新员工的薪酬得到增加时，这不仅是对他们工作表现的肯定，也是对他们价值的认可。

如果增加的薪酬是全员普及的，那么这并不代表组织对某一特定员工的特别认可。但是，对于那些因为出色表现而获得额外加薪的员工来说，这无疑是一个明确的正面信号。

（6）分配新工作。新员工进入组织后，通常会被分配一些基础的、用于培训的工作。这些工作更多的是为了帮助他们熟悉组织的工作流程和文化。但随着时间的推移，如果新员工的能力和表现得到了认可，他们通常会被分配更多的、更为重要的工作。当新员工从基础的培训工作转向正式的工作分配时，这是组织对他们的能力和价值的明确认可。

（7）举行仪式活动。组织会以各种方式来表达对新员工的接纳，而其中最为明确和直接的方式就是举行仪式活动。这些活动可以是正式的，也可以是非正式的，但它们都是组织对新员工接纳的明确表示。

四、职业生涯早期融入组织的方法

（一）重视组织的入职培训

对于大学毕业生而言，入职培训是他们对企业文化、组织架构、业务流程的第一次全面了解。在这段时间里，他们不仅可以学到企业的历史和现状，更可以深入了解组织的各种制度，如人事财务、生产销售等。这是他们快速了解组织，为将来的工作打下基础的关键时期。入职培训正是帮助新员工实现这一目标的过程。只有当新人对组织有足够的了解，他们才能更好地定位自己，明确自己的职责和方向，从而更加高效地为组织创造价值。

（二）学会主动与身边的每个人沟通

组织不仅仅是一套冷硬的制度和规则，更重要的是由一群有血有肉的人组成。这就意味着，沟通成为组织中不可或缺的元素。新人们需要理解，无论在哪个岗位，沟通都是他们成功的关键。与同事沟通是帮助新人快速熟悉工作流程的捷径，只有通过与身边的人沟通交流，新人才能更快地了解自己的职责，更好地融入团队；与上级沟通则是确保工作方向正确、得到及时反馈的重要途径，一个主动与上司沟通的员工，不仅能够获得更多的工作指导，更能够展现出自己的积极态度和工作热情；与人力资源部门沟通是改进职业规划和促进个人成长的关键，人力资源部门通常对组织的整体规划和个人职业发展有着丰富的经验，新人主动与其沟通，不仅能够得到职业上的建议，更能及时反映自己在工作中的困惑和问题，从而得到有效的帮助。

（三）态度端正，保持学习的心态

对于刚刚步入职场的大学毕业生而言，正确的工作态度是至关重要的。在进入职场的试用期，新人经常面临各种不确定性和压力，这时，一个正确的工作态度能够帮助他们更好地适应和融入工作环境。在这个特定的时期，新员工应该力求精益求精，确保每一件工作都做到位，既要避免明显的失误，又要展现出对细节的关注和对工作的敬重；不必过分追求在短时间内做出惊人的业绩，反而要在日常工作中踏实稳重，持续努力。

同时，保持一种学习的心态是每一个新人都应当具备的品质。无论步入哪个领域，学习都是一个永远不会终止的过程。持续的学习不仅可以帮助新员工快速掌握工作中的各种技能，更能够让他们更好地适应不断变化的工作环境。与此同时，一个始终保持学习心态的员工更容易获得同事和上级的信任和认可。

第三节　当代大学生职业生涯的中期管理

30 至 50 岁通常被视为职业中期。在这个阶段，大多数人已经走过了初入职场的摸索和探索，他们往往有了较为明确的职业规划和目标。到了这个阶段的人不再被视为新手或学习者，他们在工作中的每一个决策和行为，都会受到放大的关注。不同于初入职场时，犯错的代价此时变得更加高昂。

在组织的架构中，处于职业中期的员工通常也处于一个关键的位置。对于那些在工作中表现出色、得到上级和同事认可的人，这一时期会带来更多的职业机会和发展空间。他们会获得更高的职务、更大的权力和更丰厚的待遇，但也存在着风险和挑战。因为他们的每一个决策和行动，都会影响整个组织的运作和发展。

一、职业生涯中期管理的个人特征

（一）个人总体的生命空间特征

在此阶段，个人面临的工作和家庭责任同时达到高峰，这往往导致巨大的压力和挑战。多年的专业打拼使得这一阶段的个人在所从事的职业领域里已经取得了一定的成就。他们成为所在部门或领域的关键人物，对于许多问题和挑战都有着独特的经验和见解。这种专业地位往往伴随着一定的职业声望，他们通常被视为行业的权威，是新人向往和学习的榜样。但与这种专业的认可相伴随的，往往还有巨大的工作压力。为了维护自己的职业地位，为了应对各种新的挑战，他们不得不付出更多的时间和精力。这种加倍的付出尽管带来了职业上的成果，但也导致工作压力的增加。

在家庭方面，职业生涯中期的人通常担任家中的核心角色。他们不仅是家庭的经济支柱，还要在家庭中扮演多个角色：作为丈夫或妻子，他们要与配偶维持和谐的关系；作为父亲或母亲，他们要教育和抚养子女，为孩子提供良好的成长环境；作为子女，他们还要承担起赡养父母的责任。

随着年龄的增长，职业生涯中期阶段的个人身体健康状况也会发生变化。虽然职业生涯中期的人已经积累了丰富的经验，但他们的身体已经不再像年轻时那样强健。在事业、家庭的双重压力下，很可能出现由生理、心理压力导致的职业倦怠综合征。这些因素相互促进，相互推动，相互制约，相互矛盾。

（二）个人的心理特征

在中年阶段，个人的视角往往会变得更加开阔，对于自己曾经抱有的期望，他们会进行更深入的反思。它不再是那种单纯的、浪漫的青春梦想，而是更为理性和实际的思考。对于生活中的各种选择和决策，他们会更加谨慎，会更倾向于寻找真正对自己有意义的事物。那些能够顺利度过这一阶段的人，往往会对自己进行一番调整，或者是更换职业，或者是发展新的兴趣和爱好，让自己进入一个新的创造和发展的阶段。他们不再满足于过去的成就，而是不断地寻求新的挑战和机会。

在职业发展中，中年人开始在心理上经历一系列的变化。他们会重新审视自己的职业价值观，对于自己的工作和职业方向进行重新定位。同时，他们也会重新审视家庭的角色，对于家庭和亲人的责任和义务有了更深入的理解。生命的意义也会在这一时期得到重新地定义。

（三）个人能力和职业生涯特征

在这个时期，个人职业认同感受到冲击，青春期心理冲突复活，意识到职业机会有限而产生焦虑，承认时间有限和生命有限的事实，产生心理变化。同时其职业能力稳步提高，并逐渐成熟，创造力较强，工作业绩比较突出。具体表现为职业能力稳步提高；创造力旺盛，工作业绩突出；职业发展轨迹呈现倒“U”形。

二、职业生涯中期危机与个人管理任务

（一）职业生涯中期危机

人到中年，处于人生的黄金时期，但这段时间也伴随着许多的挑战和困难。身体上，随着年龄的增长，体力逐渐衰退，不再像年轻时那样充沛。思维上，已学过的知识变得过时，需要不断更新。而对于学习新知识和技能，中年人会觉得更为吃力，因为学习能力相对下降。在职场上，中年人面临的困境更为复杂。年轻员工可以从基层做起，从零开始攀登职业阶梯，他们的热情和冲劲让他们更容易接受较低的职位和初级的工作任务。但对于已经在职场摸爬滚打多年的中年员工，他们已经拥有一定的社会地位并肩负家庭责任，因此很难接受再次从基层开始的想法。否则，他们会感到自己的价值被低估，从而产生挫败感。这一时期所面临的主要问题有以下几方面。

1. 缺乏明确的组织认同和个人职业认同

在职业发展的道路上，每个人都希望有所作为，赢得一份属于自己的荣耀与尊重。然而，并不是每个人都能如愿以偿。有些人尽管工作了十余年，但仍然没有形成自己的专业特长，也没有在组织中有所贡献，他们如同隐身于背后的影子，默默无闻，不被人注意。这样一来，人们很容易产生职业的迷茫和困惑。这种情况下，人们有两种可能的选择：一种选择是放弃工作，转而关注其他的生活领域。他们会投身于自己的兴趣爱好，或者更多地关心自己的家庭。这种选择下，他们会找到生活的新的意义和方向，重新找回自己的价值感。但同时，他们也会因为放弃工作而失去一个重要的经济来源，使得自己的生活受到困扰。另一种选择是继续留在工作岗位上，但对工作失去了兴趣和热情。他们的注意力不再是工作本身，而是工作所能带来的报酬。他们会为了一点小小的报酬或津贴而努力工作；或者为了工作的

安全和稳定而留在公司。但在这种选择下，他们的工作会变得机械和无趣，缺乏真正的创新和激情。

2.现实与职业理想不一致

许多人在职业中期陷入一种自我矛盾之中，因为其现实职业发展同其早期的职业目标、抱负或理想不相一致，可能出现以下三种情况：第一，虽然从事自己梦想的职业，然而未取得所希望的成就。人们往往会因此感到失望、沮丧。然而，值得注意的是，成功并不总是以人们预期的方式来到。有时，人们需要调整自己的期望，寻找不同的成功标准。这也是一个重新评估自己职业目标和价值观的机会。第二，他们的职业轨迹与早期的设想大相径庭。有时，生活中的其他事件，如家庭、健康或其他责任，会导致人们调整他们的职业目标。对于这些人来说，关键是找到平衡和满足感。第三，人们在职业中期实际取得的成就超出了他们的预期。这种情况虽然令人振奋，但也带有一定的挑战。成功往往伴随着更高的期望和压力，因此这类人需要确保他们有足够的资源和支持来应对更高的要求。

3.职业工作发生急剧转折或下滑

中年是一个人生的重要阶段。但在这个时期，很多人由于职场压力、生活的重担、身体健康的逐渐退化很容易陷入沮丧和消极的情绪中。即使他们有丰富的经验和卓越的成就，也可能因为这些情绪而难以振作。有时，这种情绪会导致他们对工作失去兴趣，甚至对整个职业生涯产生怀疑和迷茫。

4.人事关系及工作环境问题

长时间在同一个单位或者同一个岗位工作，也可能导致人们感到疲惫和无聊。即使他们与同事、上司关系良好，深厚的友谊和合作也会逐渐变得乏味。长期的重复工作和固定的工作环境会导致人们对工作失去新鲜感。这种感觉会加深他们的沮丧，让他们更加渴望改变。而对于那些与同事、上司关系不佳的人来说，工作的压力会更大。他们会因为人际关系的问题而失去工作的动力和兴趣。然而，跳槽并不总是一个好的选择。有些人认为通过跳槽可以找到新的挑战和机会，但很多时候，他们会发现新的工作环境并不如想象中的那么美好。甚至，他们会后悔之前的决策，认为原来的工作更加适合自己。但是，到那个时候，想要回到原来的工作岗位已经没有机会了。

（二）职业生涯中期个人管理任务

1.积极进取，保持乐观心态

当员工进入职业中期，他们面临着诸多的压力和挑战，如工作上的挑战、家庭方面的压力，或者是对职业选择的反思。如果在这一时期，他们不能获得足够的认同和支持，会对其工作热情产生影响。工作的积极性和进取心会逐渐减弱，导致他们对工作的投入和参与度降低。

不仅如此，当员工面临职业发展的挫败感时，他们会产生失望和沮丧的情绪。这种情绪会对其个人、家庭和所在组织产生不利影响。因此，如何维持一个积极的心态，保持工作的热情和进取心，成为这一时期员工面临的关键任务。

2.确定新的职业与职业角色

经过一段时间的职业工作，员工对自己的职业发展有了更加深入的了解和认识。他们会面临新的职业选择，是继续留在原来的职业岗位上，还是选择一个新的职业方向。对于那些选择继续留在原职业的员工，他们需要使自己的知识和技术更加精深和熟练。他们可以选择成为组织中的骨干或专家，通过自己的专业知识和技能，为组织带来更大的价值。同时，他们可以通过某种方式使自己的技能通用化，更多地充当项目的带头人和指导者。

当然，也有部分员工会选择离开原来的职业，寻求新的职业角色。这可能是因为他们对原职业的兴趣减弱，或者希望尝试新的挑战和机会。

对于这部分员工，如何找到适合自己的新职业角色，如何快速地适应新的工作环境，成为他们面临的重要课题。

3. 成为一名“良师”

在职业生涯中期阶段，许多人会逐渐地在职场中扮演辅导和教育他人的角色。尤其是那些进入职业发展中后期的老员工，他们不仅具备丰富的实践经验，还拥有深入的行业洞察和对各种问题的独到见解。他们可以成为新员工的老师、辅导员或教练，为其提供宝贵的建议和指导。这些老员工不仅可以通过言传身教的方式，分享自己的经验和教训，还可以作为正面的榜样，鼓励和激励他人。他们应当充当伯乐，用敏锐的眼光发现有潜力的人才，为他们提供成长的机会和支持。作为指路者，他们可以为新员工提供明确的方向和目标。作为保护人，他们可以为新员工提供支持和保护，帮助他们避免一些常见的陷阱和误区。而作为成功的带头人，他们可以为新员工提供成功的典范，鼓励他们努力向前。

4. 维护工作、家庭、自我发展的平衡

对于许多人来说，如何在工作、家庭和自我发展三者之间找到一个平衡点，是一个长期的挑战。尤其是在职业发展的中后期，许多人已经达到了职业生涯的高峰，但也面临着家庭和个人发展的压力和挑战。在这一阶段，进行自我重估变得尤为重要。人们需要重新思考自己的职业锚和贡献区，真实地看待自己的能力、表现和业绩；重新定义自己的成功标准和目标，确保自己的职业选择和发展方向与个人的价值观和目标相一致。对于家庭生活，人们需要重新定位自己的角色和责任，确保自己能够在家庭中发挥应有的作用，为家庭提供支持和保护；同时需要重新思考自我发展策略，确保自己能够在职业、家庭和个人发展三者之间找到一个平衡点。

三、职业生涯中期组织管理任务

（一）职业生涯中期组织管理的原则

职业生涯中期的组织管理需要遵循以下几个原则（图 5-1）。

图 5-1　职业生涯中期组织管理的原则

1. 双赢原则

在当代企业环境中，人才，特别是那些处于关键管理和技术岗位的人才，无疑是企业最重要的资产和竞争力。他们所拥有的知识、技能和经验，以及他们对企业的贡献，往往是企业成功的决定性因素。但即便是再出色的人才，也会在职业生涯中遇到所谓的“职业高原”。这是一个心理上的挑战，会导致员工的动力和热情下降，对工作失去兴趣和激情。这种情况不仅对员工自身有害，也可能对企业的整体生产效率和经营效益产生负面影响。因此，帮助员工克服这种心理危机，走过职业高原，不仅是对员工自身的关心和支持，也是对企业长远发展的投资。当员工得到足够的支持和帮助后，他们能够更快地走出心理危机，恢复正常的工作状态。这对企业来说无疑是一种双赢的做法。

2. 沟通原则

企业需要与员工进行充分的沟通，了解他们的真实想法和感受。这不仅包括工作上的问题，也包括员工的家庭和个人问题。只有充分了解员工的真实情况，企业才能提供真正有针对性的支持和帮助。

3. 因人而异原则

在职业发展中，晋升往往被视为成功的重要标志。然而，实际上，能够得到晋升的员工毕竟是少数。大部分员工在职业生涯的某个阶段，都会遇到职业高原。如果企业的文化和价值观仅仅认同晋升为成功的标志，那么大部分员工都会感受到巨大的压力和挑战。因此，企业需要提倡职业成功标准的多样化。成功不仅包括晋升和财富，还包括工作本身带来的满足和乐趣，以及在工作中不断学习和完善自己的过程。企业需要为员工提供一个更加宽容和开放的环境，让他们了解到成功可以有很多种定义和标准。

4. 重点管理原则

职业中期的员工可以分为三类：明星员工、静止员工和枯萎员工。

明星员工是企业的瑰宝。他们的工作绩效水平极高，也拥有巨大的晋升潜力。这类员工的存在对于企业的竞争力和市场地位是至关重要的。他们往往是创新的源泉，是企业文化的传播者，更是领导者的接班人。然而，正因为他们的优越性，他们也常常面临着更高的期望和更大的压力。一旦他们在职业高原期未得到适当的关心和管理，很容易感到失落或者不被重视，从而选择离开，给企业带来不可估量的损失。

静止员工是企业中的“无声贡献者”。他们的工作绩效水平较高，却常常被视为正常状况而不受到足够的关注。这类员工往往是企业的中坚力量，他们在日常工作中发挥稳定的作用，为企业创造持续的价值。但因为他们缺乏晋升的机会，会感到前途渺茫，久而久之，这种情感可能转化为对工作的不满或者冷漠，逐渐变成枯萎员工。

枯萎员工的绩效水平没有达到组织可接受的水平，晋升机会微乎其微。这类员工可能曾经是明星员工或静止员工，但由于种种原因，如长时间未得到晋升、缺乏职业发展机会或者工作环境的改变，他们逐渐失去了对工作的热情。企业在“挽救”这类员工时需要付出更大的成本，而且不一定能够取得预期的效果。

对于企业来说，明白各类员工的需求和期望，及时进行职业高原管理是至关重要的。明星员工需要得到充分的关注和激励，帮助他们实现自己的职业目标，同时为企业创造更大的价值。静止员工需要更多的晋升机会和发展空间，让他们感受到自己在企业中的价值和重要性。而对于枯萎员工，企业应该进行及时的沟通和培训，找出问题的根源，帮助他们重新找回工作的热情。

5. 动态管理原则

为了有效地管理和缓解员工工作热情不高这种情况，企业可以采用岗位轮换和工作丰富化这两种方法。岗位轮换主要针对的是那些长期从事某一项工作的员工。员工长时间处于同一个工作岗位上，很容易产生厌烦感，甚至对工作失去兴趣和热情。而长期的单调和重复会导致员工的创造力逐渐减退，成为按部就班的“机器人”。通过岗位轮换，员工可以经历不同的工作内容和环境，这不仅可以帮助员工打破日常的单调，更能够激发他们的创造力和工作热情。此外，岗位轮换还可以帮助员工发现自己的潜能。在日常的工作中，员工由于种种原因未能充分发挥自己的能力。而通过岗位轮换，员工有机会接触到不同的工作领域，从而更好地认识自己，发现自己的长处和潜能。

工作丰富化是通过增加员工的工作内容和责任来提高其工作满足感。这种方法的核心是赋予员工更多的自主权和责任，使他们能够完全掌控自己的工作内容。例如，一名普通的销售员仅仅负责销售产品，但在工作丰富化的策略下，他还需要参与产品的策划、设计和推广。这样，员工不仅可以全面地了解自己的工作，还能够获得一种成就感和自豪感。

（二）组织管理的措施

1. 帮助员工自我实现

组织需要为员工提供成长和发展的空间。提拔晋升、畅通职业通道能够确保员工看到自己在组织内部的发展机会。同时，高度的挑战性和探索性工作可以进一步激发员工的工作热情。为员工实施工作轮换，不仅能够让员工获得多方面的经验，还能够帮助他们避免职业疲惫。此外，赋予资深员工良师的角色也是一种有效的策略，它不仅可以让资深员工得到尊重，还可以传承他们的经验和知识。

2. 制定内部晋升制度

第一，要改变组织的用人观念，真正做到用人所长、能者居位，尊重每一个员工的价值和贡献，核心人员应得到额外的支持和鼓励，这既可以激励他们，也能够为其他员工树立榜样；第二，形成合理的内部竞争，可以激发员工的工作激情和斗志；第三，建立通畅的内部选聘渠道则可以确保每一个员工都有发展的机会和空间，真正实现公平竞争和公正用人。

3. 努力促进员工发展

努力促进员工发展更多的是指组织为员工提供学习和进步的机会。员工不仅仅满足于物质上的回报，他们更加关心自己的个人成长和发展。组织应该提供各种培训和学习的机会，帮助员工提高自己的技能和知识。员工应该意识到，他们在组织中得到的不仅仅是工资和福利，更重要的是职业成长和发展的机会。这样，员工就可以更加自信地面对职业生涯中期的挑战，将个人发展与组织发展紧密结合起来。

第四节　当代大学生职业生涯的后期管理

一、职业生涯后期管理的个人特征

职业生涯后期阶段员工的年龄都处在 50～60 岁之间。由于职业性质及个体性别特征、身体状况的差异，个人职业生涯后期的起始时间也有明显的差别。尽管如此，处在职业生涯后期阶段的员工，不论性别、年龄、职业等有何种差异，其工作发展曲线和心理状态都表现出明显的一致性。

（一）个人家庭与心理特征

1. 家庭境况变化较大

许多人在中年时期都承受着相对较重的家庭负担。然而，随着时间的推移，子女逐渐长大成人，开始他们自己的生活。父母也因岁月而去世，留下的空缺带来了无尽的思念。但正因如此，家庭的压力开始减轻。在这一阶段，人们往往不再被日常琐事所困，而是开始真正地珍惜与家人相处的每一刻，希望能够过上一个温馨和谐的家庭生活。家庭的天伦之乐成为他们最大的心愿。

2. 自我意识提高

在职业生涯初、中期，很多人都是为了组织目标、为了事业发展而努力。但随着年纪的增长，个人的喜好和兴趣变得越来越重要。工作不再只是为了生计，而是为了实现个人的价值和追求。健康也变得尤为重要，许多人开始关心如何维持身体健康，如何让生活过得更有质感。而对于社交，许多中老年人开始怀旧，他们开始珍惜与过去的亲友重聚的机会，渴望回到那些美好的时光。

3. 安于现状

对于那些在中期就已经获得职业成功的人来说，他们在这一阶段仍有可能获得更高的成就。他们的经验和技能在这个阶段达到了顶峰，而这些都能为他们带来新的机会和挑战。但对于那些在中期职业发展平稳或者遭遇了挫折的人来说，他们更倾向于追求一个平稳、安详的生活，不再追求高位，而是更愿意享受当前的生活，过上一个淡泊的人生。

（二）个人职业特征

1.进取心、竞争力、职业能力下降

面对技术更新的速度与知识的老化，许多职业生涯后期的员工会感到自己的进取心、竞争力和职业能力都呈现出明显的下滑趋势。当体能和精力逐渐衰退，他们在学习能力方面无法与年轻一代相媲美，从而导致他们在职业竞争中失去了一定的优势。他们会发现，自己更新知识和技术的能力也不再像以往那样敏捷。

2.权力、责任和中心地位下降

在职业生涯中期，很多人都曾经获得过权力和责任的中心地位，不论是升至领导岗位，还是成为团队的骨干。他们凭借丰富的经验和娴熟的技能，曾经在组织中占据一席之地。但时光流逝，随着退休年龄的临近，这些曾经的“中心人物”逐渐发现自己在组织中的地位被新一代的员工所替代。那种曾经的“光环”渐渐淡去，他们不再是权力和责任的核心。

3.优势尚存，可发挥余热

尽管面临种种挑战和困境，这些职业生涯后期的员工仍然有着自己的优势。他们的职业经验、技能和智慧都是组织中不可或缺的宝贵资源。尽管在某些方面，如体能和某些智力活动，他们无法与年轻一代相比，但在工作技能和人生阅历方面，他们绝对是资深的。这使得他们仍然可以在职场上发挥余热，继续扮演“良师”的角色。他们深知组织的发展历程，深深融入组织文化中，这使得他们在某些关键时刻能够为组织提供宝贵的建议和支持。

而对于组织来说，如何更好地发挥这些资深员工的优势，如何帮助他们适应新的职业环境，也是一个值得深入研究的课题。这些员工拥有丰富的经验和高超的技能，是组织发展的重要支撑。如何激发他们的潜力，使他们在新的环境中继续发光发热，是每一个组织都需要思考的问题。

二、职业生涯后期管理的个人任务

（一）欣然面对客观事实

随着年龄的增长，身体和精力会有所下降，但这并不意味着对于职业的热情和投入就会减少。调整心态，接受和发展新角色是每一个进入职业生涯后期阶段的人都需要进行的。面对现实，认识到自己的长处和短处，从而选择一个更加适合自己的职业角色，是至关重要的。这也是为何许多人选择在这一时期扮演师傅、参谋顾问等角色的原因。这样不仅能够发挥自己的经验和优势，也能为组织带来价值。同时，发展个人的兴趣爱好，如社交、钓鱼、养花、绘画等，也是这一阶段很多人选择的方式，从而让自己的生活更加丰富和有意义。

（二）总结经验和教训，继续向前

这不仅是对自己过去职业生涯的回顾，也是对未来的规划和期望。通过对自己的贡献进行评估，他们不仅可以为自己找到新的动力，也能够激励自己继续走向成功的道路。而对于那些希望能够为组织留下一些东西的人来说，做好传帮带，将新人扶上马，也是一个重要的任务。

（三）退居二线，为年轻人让位

这并不意味着他们的价值就会降低。相反，他们可以将工作重心转移到团队建设上来，如帮助团队做一些思想政治工作，成为组织与员工之间的桥梁。这样，他们不仅能够为组织创造价值，也能够为自己找到新的工作，用新的工作内容来充实自己的生活。

三、职业生涯后期管理的组织任务

职业生涯后期管理的组织任务主要包含以下四个方面的内容（图5–2）。

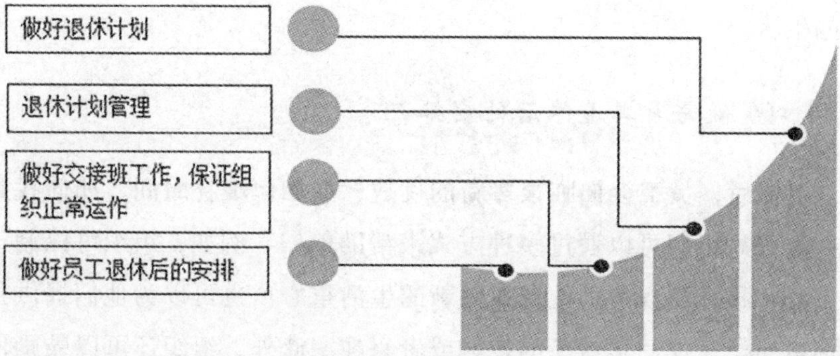

图 5–2　职业生涯后期管理的组织任务

（一）做好退休计划

对于即将退休的员工而言，退休计划是一项至关重要的任务。这不仅涉及他们未来的生活安排，还涉及他们与组织之间的关系如何终结。退休计划的内容相对全面，不仅要考虑员工退休前的问题，还要关注他们退休后如何过上有意义的生活。退休金、医疗、住房等基础问题是每个员工都关心的，但除此之外，如何保持活跃状态，如何发挥自己的余热，以及如何继续参与社会工作等也是他们十分关心的问题。

（二）退休计划管理

组织在面对员工的退休问题时，首要任务是帮助他们树立正确的观念，让他们能够积极面对退休。组织通过开展退休咨询，可以使员工更好地了解退休的具体安排，有助于他们心中有数，更好地规划自己的退休生活。

（三）做好交接班工作，保证组织正常运作

组织需要提前为即将退休的员工找好接班人，并确保这一交接过程的顺利进行。这不仅要考虑员工的工作能力，还要考虑他们的身体健康状况和工作热情。组织通过逐步递减工作量，可以让员工更好地适应退休的生活。

（四）做好员工退休后的安排

退休后，员工会面临很多新的挑战，如如何填补时间、如何找到新的兴趣等。组织可以通过多种方式来帮助他们。例如，组织可以制定工作重心转移计划，帮助他们找到新的生活重心；也可以为他们提供各种培训机会，让他们学习新的技能或者兴趣。此外，组织还可以鼓励他们参与社会公益活动，这不仅能够帮助他们保持活跃状态，还能够使他们感受到自己的价值。

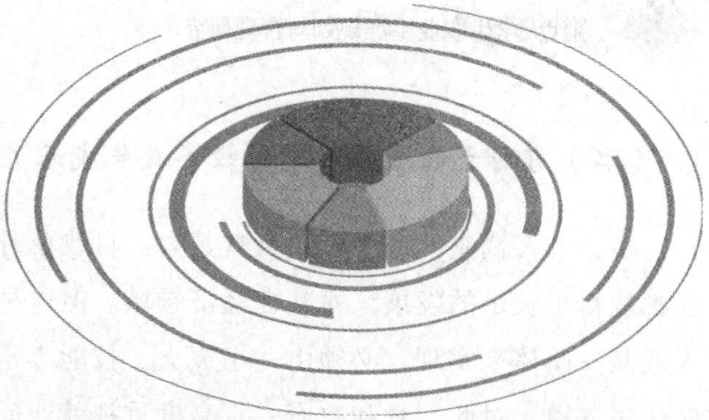

第六章　当代大学生职业生涯就业管理

第一节　大学生就业管理的意义

一、大学生就业管理有利于社会的和谐稳定

（一）有利于维护社会的公平与稳定

教育公正不仅是一个纯粹的教育问题，还直接涉及整个社会的公平与稳定。公正的教育制度体系和制度化的教育行为规则是守护教育秩序和推进社会和谐发展的有力工具。特别是在高等教育阶段，公正的教育与就业机会对于建设和谐社会尤为关键。

社会稳定是一个国家发展的基石。没有稳定，就无法集中精力进行建设和发展。大学生作为社会的中坚力量，他们的就业问题如果解决不好，很可能会引发社会问题，进而影响整个社会的稳定。为了确保社会的公平和稳定，我国必须给予大学生公正的教育和就业机会。

（二）有利于让更多人享受经济发展成果

多一个人就业就多一个人自食其力。自改革开放以来，我国在各方面都取得了长足的发展，尤其在经济领域。但这种发展不可能单靠少数人或某一团体来实现，必须由一个庞大、技能丰富、热情高涨的劳动力队伍来支撑。对此，党和政府一直高度重视就业问题，将其视为国家发展的重要组成部分。

大学生是国家未来的希望和栋梁。他们掌握着现代科学技术，能为经济建设提供最新的知识和技术支持。优先确保他们的就业不仅是对他们个人的认可，更是对整个国家经济发展的长远规划。大学生的高质量劳动不仅可以推动经济的快速发展，还可以促进技术创新和产业升级。

解决大学生的就业问题还有一个更深远的意义，那就是提高他们的积极性和创造力。一个有着明确工作方向和稳定收入来源的个体，更容易对生活充满激情，对工作投入更多的热情。当他们在工作中发挥自己的才能，并为之付出努力时，他们不仅为国家经济做出了贡献，也为自己的人生创造了价值。当大学生得到充分的就业机会时，他们便有了回馈社会的能力。这些年轻人可以用他们的知识、技能和热情为社会做贡献，不仅在经济领域，还包括文化、科技、教育等多个领域。他们的参与和贡献将使社会更加和谐和稳定。

二、大学生就业管理有利于人才的合理配置

在现代社会，大学生代表了一国的青春力量，他们是未来的建设者、创新者和领导者。而大学生就业问题直接关系到一个国家的人才配置，经济增长和社会稳定。关注大学生就业，能够确保人才的合理配置，从而推动社会的繁荣和进步。

关注大学生就业可以帮助政府、企业和学校更加准确地把握劳动力市场的需求。教育部门通过对大学生就业的跟踪研究，可以了解到哪些

专业或领域的人才需求量大，哪些专业的毕业生就业困难。这样，教育部门可以根据市场需求调整课程设置和培训方向，确保每一位学生的专业知识和技能都能得到充分的运用。

关注大学生就业有助于提高人才的流动性和灵活性。在一个开放、竞争激烈的市场环境中，人才的流动是必然的。只有让人才在合适的岗位上发挥其价值，才能最大化地利用人才资源。例如，一位计算机专业的毕业生，如果被安排到一个与专业不相关的岗位上，很可能会浪费他的才华和技能。而如果关注大学生就业，人们就可以及时发现这种不合理的人才配置，并采取措施进行调整。

关注大学生就业也是人们对青年人的一种责任和关心。大学生毕业后，面临的不仅是职业选择的问题，还有生活的压力、家庭的期待等。一个稳定的工作对他们来说是非常重要的。关注大学生就业，人们就可以为他们提供更多的就业机会和培训资源，帮助他们更好地融入社会，使其成为社会的有用之才。

三、大学生就业管理有利于国家的高质量发展

科技是第一生产力。历史已多次证明，那些能够掌握前沿技术的国家，常常在国际竞争中占据上风。而要真正发挥科技的巨大潜能，离不开一大批掌握科学技术的人才。他们是将投资转化为真正生产力的关键，是贸易、消费和生产的核心动力。

在社会主义市场经济体制下，大学生应是最受欢迎的劳动力资源。他们接受了多年的系统教育，具备全面的知识结构和创新能力。但为何现在的大学生却面临着“先就业再择业”的困境？背后的原因是多方面的，但最核心的问题在于教育与市场的脱节。在当前的教育体制下，大部分大学生受到的教育更多的是理论性的，而真正与实际产业、科研和技术相结合的能力培训却相对较少。这导致大学生在毕业后进入职场往往需要重新适应和学习，增加了企业的成本，也使得学生的期望和现实

产生巨大的落差。

大学生是未来建设中国特色社会主义的中坚力量，在他们身上寄托着实现中华民族伟大复兴的历史重任。大学生就业问题解决不好，科教兴国战略就难以真正落实。

第二节　大学生就业策略

一、大学生就业的个人策略

（一）影响大学生就业的因素

影响大学生就业的因素有很多，大体上可分为外因和内因两类（图6-1）。

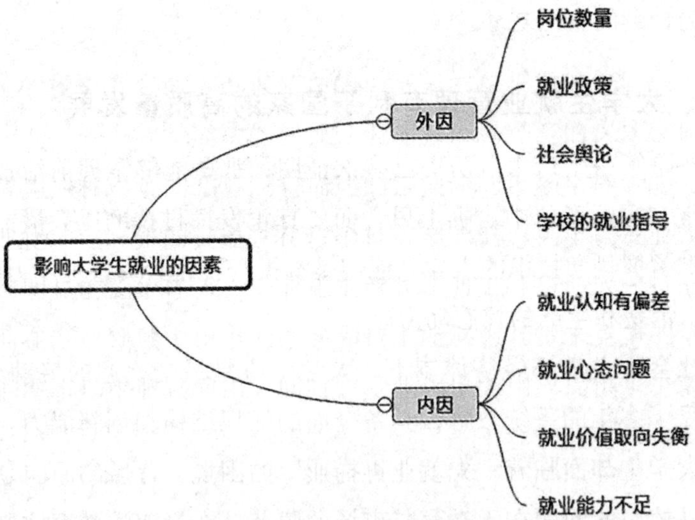

图 6-1　影响大学生就业的因素

1. 外因

（1）岗位数量。近年来，我国的经济出现了快速的增长态势，发展速度令世界瞩目。良好的经济发展趋势不仅展现了我国经济的潜力，也为广大劳动力提供了大量的工作岗位。尽管国家经济持续增长并不断产生新的岗位，但劳动力的供给依旧超过了需求。为了更好地解决这一问题，我国需要继续保持高速的经济增长，以确保为更多的人提供工作岗位。

（2）就业政策。近年来，国家发布了一系列针对高校毕业生的就业促进政策，旨在帮助他们更好地找到合适的工作。这些政策无疑起到了一定的积极效果。随着大学生纷纷响应号召，选择到基层或西部地区工作，东部的就业压力得到了一定程度的缓解，同时西部地区也逐渐弥补了人才缺口。

（3）社会舆论。社会舆论在大学生的职业选择和求职过程中起到了重要的导向作用。社会的评价和关注度往往会影响大学生对于某一行业或职业的态度。当某个职业被社会舆论所推崇，大学生很可能会将其视为理想的职业选择，希望能够在此领域获得成功。反之，如果某个职业或行业被负面报道所笼罩，大学生可能会对其产生回避心理。

（4）学校的就业指导。我国大学生缺乏职业指导，许多大学生并未感受到就业的压力和紧迫性，而高校还是传统的教学模式，以传授知识为主，对提高学生职业能力关注不足，就业指导也只是在毕业前临时抱佛脚，使学生对就业问题一知半解，难以应付职场上的激烈竞争。

2. 内因

（1）就业认知有偏差。这一点主要体现在以下三个方面：第一，自我认知的缺失。大学生的自我评价往往较高，导致他们难以全面、客观地认识自己。缺乏科学的自我认知方法和手段使得许多学生无法明确自己的能力特长、兴趣、知识水平、气质以及性格。这种模糊的自我定位导致他们更容易根据自己的一时之想决定求职方向，而忽略了自己真正适合什么样的工作。当这种“我想干什么”而非“我能干什么”的心态持续存在时，学生在求职过程中可能会面临更多的困难和失败。

第二，职业认知的局限性。对于职业的了解，大学生常常存在局限性和片面性。由于缺乏全面了解职业的渠道和信息，他们的职业观念很大程度上是基于他人的观点和经验，而非自己的独立判断。这导致了一种跟风心态，即什么职业“热”，他们就向往什么职业，而对于这个职业是否真正适合自己、自己是否有相关的职业能力和兴趣，则少有深入考虑。

第三，对社会的片面认知。由于年龄和经验的局限性，大学生对社会的认知往往带有许多的想象成分。他们或者过分乐观，将社会想象得过于美好，对影响就业的各种复杂因素知之甚少；或者过于悲观，认为社会过于复杂，把求职看作一个充满挑战和困难的过程。这种对社会的片面认知很容易导致他们的就业期望值与社会的实际需求产生偏差。

（2）就业心态问题。第一，攀比心理。许多大学生在选择就业单位时，会不自觉地将自己的选择与同龄人或者同学进行比较。他们对某个单位心生向往，但由于同学选择的单位在某些方面更为出色，便会犹豫不决或甚至放弃原先的选择。长此以往，这种攀比心理会导致大学生难以根据自己的实际情况和兴趣做决策，而是过于受他人选择的影响，容易后悔和产生遗憾。

第二，自负心理。部分应届大学毕业生，因所学专业热门或者毕业于知名学府，往往对自己的专业知识和综合素质抱有过高的自评。他们觉得自己应得更好的工作机会，而对于某些单位嗤之以鼻。这种过于自信的心态会使他们错失很多实际上非常适合自己的工作机会。

第三，自卑心理。与自负心理相反，一些大学生因为自己的专业不够热门或者认为自己的专业技能不足，容易产生自卑感。这种情绪进一步发展，会转化为深沉的自卑心态。受此心态影响的大学生在求职过程中往往过于谦卑，不敢或不愿向用人单位展示自己的长处，这无疑会大大降低他们的求职成功率。

第四，不满心理。有些大学生在求职过程中会遇到种种挫折，如无法找到理想的工作单位或者因为自己的综合素质不足而失去一些工作机会。然而，他们往往不会对自己进行深入的反思，而是怪罪外部环境，如经济形势、高校招生政策等。这种不正确的归因方式容易导致他们产生强烈的不满心理，长此以往会形成消极的人生态度。

（3）就业价值取向失衡。择业观是大学毕业生对于未来职业选择的指导思想，它是学生的世界观、人生观和价值观在就业领域的具体反映。择业观不仅会影响毕业生的职业决策，还决定了他们未来职业生涯的发展轨迹。然而，当代大学生在择业观上存在着一些问题：第一，市场经济环境下，许多大学生更加注重职业的个人价值，而对职业的社会价值视而不见。他们更多地考虑自身的利益，而很少将个人利益与国家利益相结合。这种以自我为中心的价值观会导致他们忽视对社会的贡献和责任，长远看，不仅限制个人成长，也可能使社会的整体发展受到制约。第二，对许多毕业生而言，经济收入成为选择职业的首要考虑因素，而对于未来专业能力的发挥则不够重视。这种功利主义思维容易导致大学生在职业生涯中丧失发展动力，长时间处于一个职业发展的平台期，无法实现个人潜能的最大化。第三，尽管时代在进步，但一些大学生在择业时仍然持有传统的就业观念，如看重国有单位、重视单位的福利待遇等。此外，许多大学生仍然倾向于选择经济发达地区和大城市。

随着时代的发展，大学毕业生面临的就业大环境已经发生了深刻的变化。一方面，经济发达的东部地区和大城市的人才已经趋于饱和，而广阔的西部地区和基层则迫切需要大量的人才。另一方面，随着经济结构的调整和各种政策的出台，民营经济和个体经济为大学毕业生提供了更多的发展机会。为了适应新的就业形势，大学生需要树立新的积极的就业观念。他们应当认识到，人生的路还很长，一次就业并不一定代表终身职业。无论在哪里，只要能够发挥自己的专长、适应工作环境、为自己和社会创造价值，任何工作都是有意义的。

（4）就业能力不足。随着社会的快速发展和转型，对于人才的评价标准也随之产生了深刻的变革。用人单位不再像以往简单地依赖文凭或者职称评定一个人的能力，而开始重视一个更为全面的评估体系。调查表明，用人单位最看重大学生素质中的前5个指标，它们分别是专业知识与技艺、敬业精神、学习意愿和可塑性、沟通协调能力、基本的解决问题能力。由此可见，合理的知识结构是毕业生走向社会的“通行证”。所谓合理，是指毕业生所拥有的各类知识的比例要恰当，基础知识和专业知识、人文知识和科学知识、书本知识和实践知识要兼顾并重。建立起既博又专、文理兼修的复合型知识结构，才能适应社会灵活多变的需要。

（二）大学生就业的误区

1.将经济收入的高低作为择业唯一标准

在当下社会，许多大学生对于职业选择持有“高起点、高报酬、高职位”的期待，把经济收入作为衡量一个工作的首要标准。这种思维方式无疑缩小了他们的选择范围，也会让他们错过一些提供良好发展机会的岗位。对于初入职场的大学生来说，他们应该更多地关注职位能为他们带来的学习机会和成长空间。只有通过实践，掌握核心技能，才能逐渐成为行业内的专家。随着经验和能力的增长，报酬和职位的提升也会水到渠成。反之，单纯地追求高薪酬的工作，而忽视了自身的成长和学习，可能会导致长期的职业停滞。

2.追求声望高的职业

每一份职业都有它的价值和意义，只要全心全意地投入，做到最好，便是最强的。然而，现在很多大学生在选择职业时，过于追求职业的声望和外在的光鲜，忽视了自己的兴趣和长处。他们认为，只有选择声望高、待遇好的职业，如医生、教师等，才能得到他人的认可和尊重。而那些声望相对较低的职业，在他们眼中似乎就变得微不足道。事实上，无论是高声望的职业还是低声望的职业，都有其独特的价值和意义。一个村里的小学教师，虽然工资不高、条件艰苦，但他可以影响一个村子的孩子，为他们打开知识的大门，让他们走出大山，走向更广阔的天地。而一个城市里的知名医生虽然收入丰厚、地位崇高，但他的责任和压力也相对更大。所以，职业的选择应该基于自己的兴趣和长处，而不是外界的评价和看法。

3. 只选专业对口的职业

在当前的就业市场中，大学生的专业对口观念已经成为许多人找工作的主要考虑因素，但这种固守传统的观念往往成为他们就业道路上的“障碍”。过于局限的职业选择，不仅会使求职者错失更好的工作机会，还会限制其未来的发展空间。随着社会的进步和经济的发展，许多岗位对于专业背景并没有严格的要求。在这种环境下，强调“专业对口”显然是不现实的。毕竟，当今的工作环境需要的是跨领域的知识和技能，而不是单一的专业知识。

大学生面临就业选择时，应该更加开放地看待自己的专业背景，而不是过分强调“专业对口”。学习的目的不仅是为了应对某一特定的工作，更重要的是为了适应未来的各种挑战。

在这个时代，变革和创新是常态。对于大学生来说，他们应该有足够的勇气跳出传统的思维框架，寻找自己真正感兴趣的工作，而不是被自己的专业背景所局限。此外，他们还应该明白，工作不仅仅是为了赚钱，更重要的是为了实现自己的价值和理想。在这个过程中，专业背景只是一个起点，而不是终点。

（三）解决大学生就业问题的个人对策

1. 树立正确的理想

正确的理想有助于确定人生发展的目标，有助于激发人生前进的动力，有助于人生价值的实现。回溯历史，为国家和民族付出巨大代价的仁人志士们，他们的理想是建立一个独立自主、富强的国家。他们用自己的生命去实践这一理想，为后人创造了和平稳定的生活环境。如今，无论处于社会的哪一个角落，无论从事的是什么工作，每个人都有责任和义务为国家和民族的发展贡献自己的力量。

当代大学生需要有一个明确的职业理想，这个理想不仅要考虑自己的职业发展和经济利益，更重要的是要考虑为社会和国家的发展做出贡献。这样的理想才是真正有意义的。正如古人所说："一屋不扫，何以扫天下？"[①] 当代大学生要把个人需要和自身价值的实现同社会需要及报国、奉献联系起来，树立为人民服务的远大理想。

2.努力提高就业竞争力

未来的工作环境将越来越充满挑战和变化。因此，对于在校大学生而言，仅有课本上的知识显然是不够的，他们需要在学习过程中主动塑造自己，以应对未来不断变化的就业市场。每一个学生都应该对自己的未来有一个清晰的规划和目标。这不仅包括自己未来要做什么，还应该明确自己需要掌握哪些知识和技能。在这样的思考过程中，学生会发现，除了课本上的知识，他们还需要掌握许多其他的知识和技能。为了满足这些需求，学生可以选择在课余时间参加各种社团活动，或者自己独立学习一些与未来职业相关的课程。更为关键的是，学生需要把"要我学"变为"我要学"。这意味着他们不再是被动地接受知识，而是主动地寻找和学习新知识。这样的学习态度不仅能够帮助他们更好地掌握知识，还能够培养他们的独立思考和自主学习能力。

3.做好职业规划，不随波逐流

在当前的社会环境中，媒体和公众舆论对于某一行业或职业的热议犹如巨大的磁场，容易吸引大量毕业生投身其中，希望从中获得所谓的"成功"。然而，随波逐流往往只会让人陷入盲目与迷茫。职业规划并不仅仅是选择一个赚钱的工作，更多的是为了实现自己的价值，发挥个人的优势，找到真正对自己有意义的人生目标。为此，每一个毕业生都应

① 仲新朋．中华典故[M]．长春：吉林文史出版社，2019：426.

该进行深入的自我分析，明确自己的兴趣、专长和职业目标，而不是简单地追求那些被大众热议的热门行业。只有在明确了自己的职业目标和方向后，才能更有针对性地进行学习和培训，提高自己的竞争力，为自己的职业生涯铺路。

4.树立正确的就业观

在高等教育大众化、平民化的今天，大学生要放下架子，摆正自己的位置，不要好高骛远，高不成，低不就，或死守某个城市、行业、专业。

（四）大学生就业的主渠道——中小企业

1.中小企业的发展为大学生就业提供良好的就业平台

（1）中小企业的用人观念在改善。一方面，我国中小企业数量庞大，涉及的范围广泛，几乎触及国民经济的每一个行业和领域。中小企业提供了大量的就业岗位，促进了社会就业和经济增长。然而，与此同时，人才短缺一直是制约中小企业发展的重要问题。在此背景下，中小企业的用人观念正发生深刻的变革。传统的招聘方式正在被更加开放和创新的方式所取代，以应对人才市场的快速变化和挑战。为了应对人才匮乏的问题，越来越多的中小企业开始扩大其招聘范围，不再局限于传统的求职市场。例如，他们更为积极地与高等教育机构合作，聘请高校毕业生。这不仅提供了一条为企业输送新鲜血液的渠道，也帮助大学生解决了就业问题。此外，现代技术的进步为中小企业提供了新的招聘手段。许多企业已经开始实行网络招聘活动，为各类求职者提供了一个双向选择的重要平台。

另一方面，传统上，中小企业，尤其是家族企业，常常给人以“任人唯亲”的印象。然而，随着市场竞争的加剧和社会观念的进步，这种传统的用人观念已经不再符合现实需求。现如今，中小企业在用人方面所遵循的基本原则与大企业日益趋近，他们更为看重个人的综合素质和能力。

（2）中小企业用人制度在改善。过去，许多求职者在选择中小企业时，往往会担忧就业的不稳定性，以及医疗、养老等社会保障问题。这种不安全感常常成为他们选择大型企业或公务员岗位的重要原因。然而，近年来，中小企业开始重视并改善自己的用人制度，针对上述问题采取了一系列的措施。

为了解决大学生担心的就业不稳定问题，许多中小企业开始按照用工合同要求办事，确保员工的合法权益不受侵害。他们还承担起为大学生参加社会保险的责任，为他们办理医疗、养老保险等“五险一金”，从而解除了大部分大学生的后顾之忧。这些措施不仅为中小企业吸引了大量的优秀人才，还提高了企业的稳定性和凝聚力。中小企业为国家带来了更多的财政收入，扩大了出口，改善了产业结构。政府也逐渐意识到了中小企业在经济中的重要作用，并开始为其提供更多的政策支持。从税收减免到技术创新的补贴，从优惠贷款到市场开拓的扶持，政府的扶持力度不断加大。这些政策无疑为中小企业的发展创造了更为良好的外部环境。因此，中小企业成为大学生就业主渠道是社会发展的必然结果，大学生应当更新就业观念，为自己制定切实可行的职业规划，到经济建设的主战场施展自己的才华，实现人生理想和抱负。

2. 大学生在中小企业就业的优势

（1）中小企业为大学生提供了更多的锻炼机会。第一，中小企业通常具有简单的管理架构和相对较少的人才竞争。在这种环境中，大学生更有可能与企业的高级管理层接触，这使他们可以直接了解企业的运营情况、市场策略和决策过程。与此同时，与高层的直接交流也可能为他们带来直接的工作机会或职业晋升的空间。第二，中小企业的岗位设置通常比较灵活。由于中小企业没有大型企业那样细致的分工，大学生可能需要涉猎多个工作领域，如从市场分析转到产品设计，再到客户服务等。这种跨领域的工作经验为大学生提供了全面的成长机会，帮助他们积累多种技能和经验，为未来的职业生涯打下坚实的基础。第三，相较于大企业的稳定和制度化，中小企业更加强调创新和适应能力。在中小企业工作的大学生需要经常面对新的挑战和未知的问题，可以培养他们的快速适应和解决问题的能力。这种经验能够使大学生更加敏锐地洞察市场，更好地把握机会，更快速地做出决策。第四，中小企业由于人员相对较少，对新入职的大学生的期望往往较高。他们需要在技术、管理、营销等多个领域都展现出一定的能力和潜力。这种全方位的工作经验不仅可以丰富大学生的简历，还可以帮助他们更好地认识自己，明确自己的职业发展方向。

（2）中小企业更注重大学生这种高层次的人才。在当今的商业环境中，中小企业已经不再是那种遵循传统家族式管理模式的机构。随着经济的全球化和技术的进步，中小企业也逐渐认识到，要在激烈的市场竞争中取得领先地位，必须调整自己的管理策略和人才战略。在这样的背景下，高层次的人才，特别是大学生，逐渐成为中小企业眼中的宝贵资源。

中小企业更加注重大学生这种高层次的人才，这主要基于以下几点原因。第一，专业知识背景。大学生通常具有扎实的专业知识，能够迅速适应中小企业的业务需求，为企业带来新的思维和方法。第二，正规训练。大学生受过正规的教育训练，拥有良好的学习能力和适应性，能够迅速融入企业的工作环境。第三，创新思维。相较于经验丰富的老员工，大学生往往更具有创新思维和探索精神，能够为企业带来新的机会和挑战。

（3）中小企业为大学生提供较广阔的发展空间。一方面，中小企业的特点决定了其具有广阔的发展空间。不同于成熟的大型企业，许多中小企业仍处于创业或上升期，这意味着它们面临的市场机会和挑战都与众不同。例如，新产品的研发、新市场的拓展、新策略的实施等，都需要大量的创新思维和实践探索。正因为这些工作都充满了未知性和挑战性，所以对于年轻的大学生来说，这无疑是一个展示自己才能、锻炼自己能力的大好机会。他们可以在实际的工作中迅速成长，积累宝贵的经验，为未来的发展打下坚实的基础。

另一方面，中小企业由于其规模和结构相对较小，岗位设置较灵活，更易于培养和提升年轻人才。在大型企业中，大学生可能需要经过长时间的等待和努力，才能获得更高层次的职位或更多的责任。但在中小企业中，由于其组织结构相对扁平，大学生有更多的机会直接与高层管理者沟通、参与重要的决策过程。这不仅可以帮助他们更快地了解企业的运作模式和市场环境，还可以提供更多的晋升机会。随着企业的发展和壮大，新的职位和岗位也会不断出现，从而为大学生提供更多的发展空间和晋升机会。

在现代社会，人们越来越重视个人的职业选择权和自由。这种趋势使得每个人都有机会根据自己的兴趣、特长和价值观进行职业选择。然而，这种自由度的增加也带来了相应的就业风险。市场上的岗位与人才之间的匹配并不总是那么完美，导致很多求职者面临较大的压力。特别是对于刚刚走出校园的大学生，他们在面对众多的就业机会时，很容易陷入“待价而沽”的心态，期待着能找到一个完美匹配的岗位。但实际上，初出校园的大学生应更注重在实际工作中的学习和成长，而不是仅仅关注职位的声誉和待遇。选择一个合适的岗位，即使它不是最理想的，也能为自己提供学习和锻炼的机会，也是非常宝贵的。通过初次就业，大学生可以更好地了解社会的运作机制，磨炼自己的职业技能，积累实际的工作经验。这些都是他们在学校中无法获得的宝贵财富。只有真正投身于工作，才能真正明白自己的长处和短板，为未来的职业发展做好准备。

3. 大学生如何在中小企业施展才华

（1）忠于职守，诚实善良。诚实善良是每个人都应该遵循的基本人生准则，而在职场中，这些准则更是至关重要。一个员工的能力固然重要，但是如果缺乏基本的职业道德和责任感，那么无论他的才华如何，都无法为企业带来真正的价值。诚实善良的员工，不仅可以赢得领导和同事的信任，而且能够在团队中发挥关键的作用，推动团队向前发展。对于大学生来说，他们刚刚走出学校，充满活力和理想，但同时需要注意调整自己的心态，树立正确的价值观。大学生只有在保持诚实善良的基础上，才能够为企业创造持久的价值，为自己的职业生涯打下坚实的基础。

（2）融入组织，虚心学习。对于刚刚步入职场的大学生来说，他们可能在学术领域有着出色的表现，但在实际的工作中仍然有很多东西需要学习。首先，他们需要学会如何与同事沟通，如何处理人际关系，如何适应企业的文化和价值观。这些都需要大学生放下身段，虚心学习。同时，大学生也应该意识到，他们虽然在理论知识上有一定的优势，但在实践经验上仍然很缺乏。因此，他们应该珍惜每一个学习的机会，不断地充实自己，提高自己的实际操作能力。大学生在融入组织时，也应该注重建立良好的人际关系。与同事建立深厚的友情可以为他们在职场中赢得更多的机会，也可以为他们的职业生涯提供更多的支持和帮助。

（3）挖掘自身潜能，最大限度地发挥优势。对于大学生来说，进入职场是一个全新的开始，他们需要对自己有一个清晰的职业定位，明确自己的优势和专长。这不仅可以帮助他们更好地融入工作环境，还可以为他们的未来发展提供方向。一旦找到了自己的专长和优势，大学生就应该潜心钻研，不断地深化自己的知识和技能，使自己成为行业中的专家。大学生还需要有一个明确的职业规划，知道自己的目标和方向，避免盲目跟风，追求热门行业。

（4）培养兴趣，干好本行。培养兴趣，对于每一位大学生来说，是他们进入职场的第一步。面对职业选择的压力，有的人会为了一个稳定的职位而选择一个自己并不真正喜欢的职业，但是，只有真正对工作有兴趣，才能在工作中得到真正的满足，才能“干一行，爱一行”。大学生不仅要为了生存而工作，更要为了自己的兴趣和未来而工作。尽管并不是每一个大学生都能找到他们梦寐以求的工作，但是培养对工作的兴趣是每个人都可以做到的。当一个人对工作没有兴趣时，他会感到沮丧和无助。但是，只要愿意，他总是可以找到方法来培养自己对工作的兴趣。在工作中，每个人都有一个适应过程，这个过程可能会很长，也可能会很短，但是，只要一个人愿意投入，他总是可以找到属于自己的位置。

（5）挑战自我，超越自我。在职场中，永远不要满足于自己现有的成绩。要知道，只有不断的自我挑战，才能获得更多的机会和更高的地位。人生有限，但人的职业追求是无限的。不断地为自己设定更高的目标，不断地挑战自己，这是每一位大学生都应该做到的。

二、大学生就业的高校策略

（一）大学生就业率比较低的主要原因

从高校层面来看，大学生就业率较低的原因主要有以下几点。

1. 对大学生职业能力培养缺乏应有的重视

（1）高校在办学理念上未能充分重视大学生的职业能力培养。部分高校过于关注学校的学科建设、科研成果，而对于学生的实际能力培养则置之不理。这种教育模式不仅无法满足现代社会对人才的需求，更重要的是，它无法帮助学生找到自己的定位，建立自己的职业规划。学生离开学校后，面对社会的竞争压力，很容易感到迷茫和无助。

（2）当前的高校教育方式过于“格式化”，过度重视考试成绩，而忽略了学生实际能力的培养。这种教育模式让学生在短时间内积累了大量的知识，但缺乏实际的应用能力。在职场上，企业更看重的是员工的实际操作能力、沟通协调能力和创新能力，而不仅仅是考试分数。

（3）随着高等教育规模的扩大，许多高校过分追求规模的壮大，而忽视了教学质量。大班额的教学模式、有限的实验条件、不足的师资力量都限制了学生职业能力的提高。缺乏个性化的教学模式，使得学生很难在学校中获得真正的锻炼和成长。

2.尚未健全大学生职业能力培养机制

大学生职业能力培养机制不健全突出表现在以下两点。第一，缺乏明确的组织体系。很多高校在培养学生职业能力方面缺乏系统性的计划和指导，这使得职业能力培养往往成为一种零散、非系统的努力，而不是一种持续、有组织的过程。大学生在学校的时间是宝贵的，如果没有明确的指导和规划，他们很可能错失很多重要的职业技能培养机会。第二，当前的课程体系很难与快速变化的市场需求保持同步。许多高校仍然沿用传统的课程体系，这些课程往往与当前社会的实际需求存在较大的偏差。而且，很少有课程有针对性地培养学生的实践能力，使他们能够在真实的工作环境中应用所学知识。这不仅导致了学生知识的局限性，更重要的是，他们在毕业后很难适应职场的实际需求。

（二）提升大学生就业率的高校策略

当今社会，大学生面临的就业压力与日俱增。劳动力市场对大学生的需求呈现出一种复杂的双向矛盾：一方面，大学生供过于求，市场上出现了“大学生难就业”的现象；另一方面，某些专业和领域的人才却供不应求。这一现象的背后，正是高校办学思想与社会需求之间存在的差异。长久以来，高校的办学理念往往偏重于学术和理论研究，而对实际应用和实践能力的培养相对忽视。这种重知识、轻能力的人才培养模式，使得许多毕业生虽然在理论知识上有所积累，在实际工作中却显得力不从心。为解决这一问题，高校必须以就业市场的人才需求为导向，树立以学生能力为本位的新人才质量观，深化教育教学改革，改变传统的重知识、轻能力的人才培养模式，培养服务社会所需要的各类人才。

1.转变办学观念，以劳动力市场需求为导向培养人才

随着经济的不断发展和行业的迅速变革，劳动力市场对人才的需求

也在不断变化。高校必须紧密关注这些变化，将劳动力市场的需求纳入办学规划，确保培养出来的学生能够满足市场的实际需求。

高校在制定办学规划时，必须做好人才市场的预测。这需要与企业、行业协会及相关政府部门进行深入地沟通与合作，了解未来几年劳动力市场的人才需求趋势。此外，各高校间的分工与协作至关重要，以避免重复建设，避免盲目跟风。比如，如果某一地区的多所高校都开设相同的专业，那么这些学生毕业后可能会面临严重的就业压力。相反，如果各高校能够根据自身的特色和优势，确定各自的专业方向，那么每所高校培养出来的人才都会有其独特的价值，更容易受到劳动力市场的欢迎。

2. 树立以学生能力培养为核心的教育理念

高校要深化教学改革，转变教育理念，实现由人才供给导向向社会需求导向的转化。具体来说，高校必须在教育理念上实现两方面的转变：一方面，高校应从重视知识传授转向能力培养。过去的教育模式往往强调知识的积累和高分的追求，但在现代社会，单纯的知识储备已不足以应对各种挑战。更为关键的是学生的综合能力，如解决问题的能力、团队合作、创新思维等。因此，高校应当以学生的全面发展为宗旨，确保学生在毕业后能够具备独立思考和解决问题的能力。另一方面，教育的重心需要从教师转向学生。传统的教育模式中，教师常常是教学的中心，而学生则被动地接受知识。这种模式不利于培养学生的主动性和创新性。为此，从教学计划的制定到实际的教学环节，高校都应更加注重学生的参与和反馈，鼓励学生主动探索、提问和创新。

3. 建立并完善大学生实践能力培养机制

（1）高校需要建立和完善大学生实践能力培养组织体系。这一体系应当包括校内和校外两个部分。在校内，为了避免当前各部门之间的职能分割，高校应建立一个跨部门的组织机构，由学工部门牵头，财务、后勤、教学单位等多部门参与和配合，形成齐抓共管的格局。这样，学生在校内的实践活动可以得到更加全面和深入的支持。而在校外，高校应与各专业相关的单位和部门接洽，建立稳定的实习基地，确保学生在校外的实践活动能够得到长效、系统和专业的指导和支持。

（2）针对目前大学生实践能力培养缺乏针对性和实效性、实践活动内容单一的情况，高校需要确立一个更为系统和全面的实践能力培养内容体系。具体而言，高校可以增开一些应用性、技术性强，重点培养学生动手能力的课程，并加大在师资、设备、场所等方面的投入。除了传统的教学模式，高校还可以组织各种形式多样、层次不同的社会实践活动，如“青年志愿者”活动、模拟职业实践活动、校园创业活动、企业实地观摩考察活动等。这些活动不仅可以扩充学生的实践内容，还能够增强他们的实践经验和技能。

（3）高校还需要建立一个更为科学和系统的大学生实践能力考核机制。学生的实践能力应被视为一项重要的素质考核指标，并进行细化。同时，高校应当加大实践能力评价在衡量大学生综合素质中的权重。具体的考核机制可以由学校主导，用人单位支持，大学生参与，按照季度或学年进行定期考核，并在毕业时进行最终评定。只有达到一定的实践能力标准，学生才能顺利毕业。

4. 以社会需求为导向构建科学的课程体系

在新的时代条件下，社会需要的知识结构是“图钉形”的，“顶部”代表较宽的知识面，“钉部”代表某一方面过硬的专业知识，“钉尖”代表对某些方面有特别的长处和造诣。

目前大多数大学生的知识结构还呈现出“一条腿走路”的现象，也就是在自己的专业领域内有一定深度的了解，但对其他领域的了解则相对较浅。这种现象往往会限制他们应对复杂多变工作环境的能力。为解决这一问题，高校需要重新构思课程体系，如采纳“前两年大类培养、后两年再分专业”的方法，可以给学生提供更加宽泛的知识面，然后再深入某一领域。这样，学生不仅能够在专业领域内有深度了解，而且能够了解其他多个领域，提高自己的适应性和灵活性。

在课程选择上，高校应该调整专业课和选修课的比重，鼓励学生跨学科学习。例如，文科学生需要学习一些基础的自然科学课程，而理工科学生则需要学习一些基础的人文和社会科学课程。除此之外，高校还可以尝试学生跨校选课，让学生有机会在不同的教学环境中学习，这样可以进一步拓宽学生的知识视野，增强其对不同学科的了解。

三、大学生就业的政府策略

（一）强化政府在大学生就业中的作用

在当前的社会背景下，大学生就业成了一个人们日益关注的焦点。在人才资源市场日趋完善的情况下，政府的宏观调控策略在大学生就业问题上起到了至关重要的作用。

大学生就业困难的问题，并不仅仅是学生自身能力或者大学教育模式的问题。实际上，用人单位的体制也是导致这个问题的重要因素。特别是在机关和事业单位，由于体制的僵化，岗位的新增速度缓慢，人员流动性低，很难为大学毕业生提供足够的工作机会。这种情况直接导致了大学毕业生在求职过程中面临的竞争压力增大，很多人难以找到合适的工作。面对这一情况，蔡达峰教授认为，政府应该发挥更加积极的作用，采取相应的政策和措施解决这一问题。具体而言，政府首先需要调整机关和事业单位的用人体制，制定内部人员结构的调整目标和计划，确保机关和事业单位有足够的岗位吸纳大学毕业生。此外，政府还需要建立有效的人员淘汰机制，确保人员能够流动，既可以淘汰掉不合格的员工，又可以为大学毕业生提供更多的工作机会。

目前，加强政府在大学生就业中的作用的主要原因有以下几点。

（1）资源配置的问题。在一个完全竞争的市场中，资源配置可以达到最优状态。然而，我国的人才市场由于种种原因，并不是一个完全竞争的市场。例如，户籍制度对人口流动的限制，以及劳动保障制度的不完善，都导致市场不能完全自由地配置人才资源。因此，政府的介入在确保大学生能够得到公平的就业机会方面变得尤为重要。

（2）我国的计划经济背景。作为一个社会主义国家，我国有着丰富的计划经济经验。虽然改革开放以后，我国开始逐渐强调市场经济的作用，但计划经济的影响仍然存在。因此，在资源配置上，与那些完全依赖市场的国家相比，我国的模式更为复杂和多元。

（3）政府的宏观调控作用。随着我国经济的蓬勃发展，政府的宏观调控作用越来越受到重视。通过宏观调控，政府可以避免诸如重复建设、恶性竞争等问题，确保资源得到有效的利用。同时，政府的宏观调控还可以确保我国经济保持平稳、健康的发展。

（4）增加就业是政府的首要任务。对于我国政府来说，增加就业始终是其首要任务之一。政府的目标是确保每个公民都有平等的工作机会、发展机会，以及分享社会发展成果的机会。只有这样，才能构建一个和谐、健康发展的社会。

（二）政府促进大学生就业的政策

1. 降低人力资源流动的成本

政府必须进行户籍制度改革和社会保障制度、退休制度、工作制度改革，促进人才的合理流动。当前，我国存在的二元经济结构、城乡二元户籍制，严重阻碍城乡的人员流动，也阻碍人员的跨地区流动。特别是人才从发达地区流向不发达地区，很多人担心流出去了就很难流回来，而他们的担心是很现实的。因此政府要想方设法拆除这道篱笆，让人才自由流动，特别是鼓励人才从发达地区流向不发达地区，对于他们应当有保护政策，允许他们回流，以确保他们自由地生活、工作，更好地发挥他们的聪明才智。类似的篱笆还存在于政府机关、国有企事业单位，人才的流动也是十分缓慢的，有时几乎是只进不出的。这就让优秀人才难以进入政府和国有大中型企业工作，为公众服务，为国家服务，而一些占据高位的庸才也难以被淘汰，阻碍社会和经济的发展。就业市场还存在不少地方和部门的保护主义问题，即通过保护性政策限制外地生源和外地学校毕业的学生在本地区就业的现象。这些问题都必须通过政府的方针、政策或直接干预才能解决。

2. 利用优惠政策，分散就业压力

近年来，中央和地方各级政府为解决大学生就业问题出台了各种政策，其中包括生活待遇、医疗保障、学习进修和晋升提拔等方面的优惠。然而，这些政策的真正实施并使之生效却是一项很大的挑战。

贫困地区的经济状况不佳，生活条件艰苦，工作环境恶劣。正是这些现实条件，使得很多大学生产生了疑虑和担忧。他们疑惑即使有国家的政策鼓励，是否真的能在那里落实，是否能确保自己的权益得到保障。对此，国家必须采取强有力的措施，确保这些政策得以真正执行。为了打消大学生的疑虑，国家应该给予他们充分的信任和支持，确保他们在贫困地区工作时得到应有的待遇和福利。

加速西部大开发，加速社会主义新农村建设，也可以分散东部的就业压力，让人才更好地发挥作用。这些政策措施靠地方政府是不行的，要靠国家的力量来组织和推行，以国家的财政作为保障，从根本上解决大学毕业生到西部去、到农村去、到基层去、到生产第一线去就业的问题。

3. 提供就业信息

在当今的人才市场，信息的重要性已经成为无法忽视的关键因素。由于信息的不对称，很多时候招聘方与求职者都在“雾里看花”，双方均无法准确把握对方的需求和供给，这直接导致了人才市场的供需错位。

作为公众利益的代表和信息的权威发布者，政府有责任建立一个科学、实用且真实的人才供需信息系统。这个系统应该涵盖企业、学校、人力资源部门等各方的信息，从而为招聘方和求职者提供一个公平、透明的平台。政府可以与各大学、企事业单位以及其他相关部门合作，建立一个全国性的人才供需数据库。这个数据库不仅可以包括各类职位的需求情况，还可以包括大学生的专业背景、技能和经验，从而为招聘方提供更为准确的人才供给信息。这个信息系统还应该提供未来的人才发展趋势，帮助企业和大学生进行长远的规划。例如，如果某一行业在未来有很大的发展潜力，那么学校可以调整课程设置，学生可以提前做好职业规划，而企业也可以提前做好人才储备。

4. 规范人才市场的管理

我国的人才市场虽然已经取得了显著的发展，但仍存在许多亟待解决的问题。例如，有些人会利用求职者的渴望，采取各种手段骗取钱财。此外，企业用工的不规范也是人才市场中的一大顽疾。一些企业在雇佣员工后，乱扣工资，不为员工缴纳社会保险，这不仅剥夺了员工应得的权益，也严重扭曲了市场的公平竞争环境。针对上述问题，政府的介入势在必行。行政和法律手段应当并举，确保人才市场的公平与正义。对于黑中介的问题，政府可以设立专门的机构进行监管，打击非法招聘活动，为求职者提供一个安全、公正的求职环境。对于企业用工不规范的问题，政府可以加大对企业的监管力度，对违法的企业进行罚款或吊销营业执照。而对于职业歧视问题，政府可以通过立法，明确禁止任何形式的职业歧视，保障每一个人才都有平等的工作机会。

5. 改革高等教育

政府要不断加强职业教育、继续教育，把培养大批的技术能手、能工巧匠等市场急需的人才作为重要目标。普通高校也要做好发展规划，进行必要的分工，使高等教育的学科建设、人才培养有序发展，做到人才培养结构合理、数量充足，为经济发展造就大批优质的生力军。

四、组织就业

组织就业指的是将行政手段与经济手段相结合的就业方式。具体可以从以下两个方面进行。

（一）拆分公共工程

近年来，面对公共工程管理的复杂性和大学生的就业问题，有一种新的思路渐渐受到关注，即将政府负责的公共工程细分为若干小区域、小项目，然后通过招标的方式承包给大学毕业生组建的公司执行。这样的模式带来了诸多好处，但也需要深入分析以确定其长期可行性。

这样做的好处有：第一，有助于减少政府的寻租行为。因为所有的项目都是通过公开透明的招标方式承包的，政府和承包企业之间的权责关系更加明确，可以避免不必要的权力交易和寻租行为。第二，有助于明确政府的职责，即管理和监督公共工程的实施。政府不再直接参与项目的具体执行，从而可以缩小政府规模，减少政府运作成本。第三，有利于公平竞争。各个公司在同等条件下竞争公共项目时，会自然地追求高效、节约，从而提高资金使用效率和工作效率。第四，可以扩大大学生的就业规模。大学生在校期间接受的专业知识和技能很多时候与公共工程有直接关系，他们对新技术、新方法的接受度高，能够为公共工程带来新的创意和效率。此外，这种模式还为大学生提供了一个创业的平台，可以鼓励他们运用所学知识开展自己的事业。

（二）组建西部开发建设兵团，促进大学生就业

政府在国家重点建设项目，重要的生态恢复、环境保护项目等方面可以仿照新疆生产建设兵团的做法，由团中央、各地团组织牵头，组建各种突击队、青年团，实行半军事化管理、供给制，以确保学生人身安全、医疗卫生、社会保险等。服役期分一年及两年。一年为实习生，只供给吃、穿、用，发给零用钱，到期自谋职业。两年为正式人员，除吃、穿、用外，发给工资，到期发给转业费，考公务员的可优先录取，成绩优秀者可免试读研究生，愿意留下的转为兵团正式职工。被录用大学生关系仍在原学校，退役后由原学校协助安排。对在兵团立功、受奖人员

可直接由政府安排工作，免除在校的学费等。

这样做的好处有：第一，可以迅速地为西部大开发注入一批高素质的人才，使得开发进程加速，提高资金的使用效率。第二，在兵团工作，对大学生而言是一个难得的锻炼机会，他们可以在这里学到很多实践经验，为未来的职业生涯积累宝贵的经验。第三，对于经济困难的大学生，加入兵团不仅可以得到稳定的供给和收入，还有机会得到学费的减免，既减轻了经济压力，又为国家和社会做出了贡献。

第三节　大学生就业维权

一、大学生就业的侵权现象

（一）就业歧视

大学生经常遇到的就业歧视有性别歧视、生理歧视（包括相貌、身高等）、健康歧视、经验歧视、学历歧视、户籍歧视等。

性别歧视导致许多职业或岗位显然偏向于某一性别，这严重限制了女性或男性的发展空间。生理歧视，包括对于相貌、身高的不公平看待，无疑是对个体基本尊严的侵犯。而健康歧视，尤其是对一些轻微的健康问题过于重视，可能使大学生失去一些合适的工作机会。经验歧视是许多雇主在招聘时要求申请者具有多年工作经验，这使得刚刚毕业、急需实践经验的大学生感到非常困扰。学历歧视和户籍歧视则是许多用人单位在选拔员工时，对学历和户籍的要求过于严格，而忽略了个人的真正能力和潜力。

（二）诱骗招聘

一些公司为了吸引人才，往往会对自己的情况进行不实描述，如夸大公司规模、业绩或者提供虚假的福利承诺。这导致许多大学生在入职后才发现工作环境与之前了解的完全不符。更为严重的是，有些不法分子甚至会利用招聘的名义，诱骗大学生参与非法活动，如非法传销。

（三）骗取钱财

随着大学毕业生数量逐年增加，他们的求职压力相应上升。在这样竞争激烈的背景下，一些不法分子和机构利用毕业生求职心切的心理，采取不正当手段进行欺诈。有的招聘单位在名义上称管理的需要或者为防止员工跳槽，要求求职者交纳所谓的“押金”。他们常以各种名目收取费用，如服装费、培训费等。更为恶劣的是，一些单位在收取了押金之后，便人间蒸发，使得大学生的血汗钱打了水漂。对于刚刚走出学校的大学生，他们没有足够的经验和能力识别这些欺诈行为，从而容易受骗。

（四）侵犯隐私

有些招聘单位在面试过程中询问大学生一些与工作不直接相关的问题，如年龄、身高、家庭情况等。这些信息都是个人隐私的一部分，任何单位和个人都没有权利非法索取或滥用。更为严重的是，有些招聘单位不仅非法收集这些信息，还可能将其出售给一些不法商家。这种行为不仅侵犯了求职者的隐私权，还会导致大学生的信息被用于非法的商业活动，如垃圾短信、电话推销等。这对大学生来说无疑增加了诸多麻烦和风险。

（五）掠夺成果

“掠夺成果”这一行为，简言之，即公司利用求职者的求职意愿，要求其完成一些实际上对公司带来利益的任务，而后又找种种理由拒绝录用。这种行为在本质上是对求职者劳动成果的剥夺。例如，一个计算机专业的大学生被要求为公司更新改造应用软件或制作公司网页，完成任务后却被告知“不符合要求”或“存在其他更适合的人选”等而拒绝录用，这无疑是对其劳动付出的不公平对待。

（六）廉价用工

试用期是雇主对雇员能力和态度的考察期，但也存在被滥用的情况。有些公司为了节省成本，打着试用的旗号故意拖延试用期，以支付较低的薪资。而大学生，尤其是应届毕业生，由于对劳动法律法规知之甚少，很容易被这样的用人单位所利用。

（七）克扣工资

在就业市场中，许多大学生作为新入行者往往处于劣势，尤其是在面对一些不讲诚信的招聘单位时。这些单位在薪酬结构、发放时间等方面设定了种种陷阱，经常搞文字游戏，或故意拖延工资发放。更为恶劣的是，部分雇主甚至把底薪设定为低于法定最低工资，严重损害劳动者的合法权益。其主要原因是在当前的人才市场上，供求关系导致了大学生的弱势地位。由于求职者多于岗位，招聘方往往占据主导地位。再加上大学生普遍缺乏工作经验和对人才市场的了解，这使得他们在遭遇不公平待遇时往往选择沉默或退缩。此外，人才市场的信息不对称也是造成大学生就业受骗的重要原因。由于缺乏对招聘单位背景的了解和评价机制的不完善，求职者很难得知单位的真实面貌和待遇，从而容易受骗。要进行就业维权，就必须拿起法律武器，依法力争。

二、大学生就业协议书的维权知识

在我国，每年有大量的学生毕业，他们充满梦想与活力，期待着步入社会，为国家和社会做出自己的贡献。而就业协议书正是他们与用人单位之间的重要纽带，是明确双方权利和义务的书面表现形式。它不仅为毕业生提供了工作保障，也为用人单位提供了人才保障，实现了双赢。

就业协议书一般由国家和各省（自治区、直辖市）的教育主管部门统一印制。协议书一式三份，由毕业生、用人单位、学校各执一份。这一制度为毕业生提供了工作机会，也为用人单位提供了合法、规范的招聘方式。每位毕业生只发一份，这意味着每个毕业生只能与一个用人单位签约，避免了重复就业的情况，保证了社会资源的合理配置。

在新版的大学生就业协议书中，高校仅作为政府教育部门委托的协议鉴证方，不再是协议书的一方当事人，只要毕业生和用人单位签字盖章就生效。

（一）就业协议书的订立原则

为了确保毕业生和用人单位之间的合作关系明确、公正和平稳，就业协议书的订立已经成为一种常态。然而，协议的订立并不是一个简单的过程，它需要遵循一系列的原则，确保双方的权益得到充分的保障。

1. 主体适格原则

主体适格原则是确保签约各方具有合法性和合规性的关键。对于毕业生来说，他们必须是普通高校的应届毕业生，这意味着他们已经完成了规定的教育课程，并具备了入职的基本资质。而对于用人单位，他们必须是依法成立的组织，具备完整的民事行为能力，并能独立承担民事责任。这确保了用人单位在与毕业生合作时，不仅有从事各种经营或管理活动的能力，而且具有为员工提供稳定工作环境和待遇的能力。

2. 平等协商原则

平等协商原则强调了签约双方在协议中的地位是平等的。在签署就业协议书的过程中，任何一方都不应该，也不得对另一方施加过多的压力或提出不公平的要求。这一原则保障了毕业生和用人单位能够在一个公平的环境中根据各自的需要和期望达成协议。

3. 诚实守信原则

诚实守信原则是确保协议效力和持续性的关键。一旦协议被签署，各方都有义务全面履行协议中的各项约定。这不仅要求签约双方在协议期间保持诚实、公正的态度，更重要的是要求双方在面对各种挑战和变故时都能够坚守初心，尊重和执行合同。

（二）就业协议书的维权要点

1.试用期

在当前的人才市场上，试用期已经成为大多数企业招聘流程中的一个重要环节。试用期为用人单位提供了一个观察和评估员工的机会，也给予员工一个适应新工作环境的时期。然而，试用期这一机制也常被误解或滥用。以下列举了几种关于试用期中的常见误区与侵权做法。

（1）将“试用期”与“见习期”混为一谈。试用期与公务员的见习期是两个完全不同的概念。虽然两者都是为了评估员工的工作能力和适应性，但它们的规定和期限是有区别的。公务员的见习期通常为一年，而在企业单位，试用期的长度通常没有这样的硬性规定。因此，将试用期与见习期混为一谈，故意延长试用期是不合法的。

（2）重复约定试用期。一些单位在试用期即将结束时选择再次约定试用期。这种做法违背了试用期的初衷，即为用人单位和员工提供一个短期的相互评估期。试用期满后，用人单位应该做出决策，是正式聘用还是辞退，而不是再次设定一个试用期。

（3）将试用期从劳动合同中剥离。试用期实际上是劳动合同期限的一部分，因此试用期生效的日期就是劳动合同生效的日期。

（4）要求试用期离职的劳动者支付违约金。《中华人民共和国劳动合同法》第二十二条、第二十三条明确规定了由劳动者承担违约金的两种情况：一是有专业技术培训；二是需保守商业秘密即有关竞业限制。[①] 而在试用期中，劳动者不存在以上问题就不必承担违约金。

① 侯其锋，乔继玉．人力资源和社会保障政策法规解读及案例讲解[M]．北京：中国民主法制出版社，2021：11-12.

2. 违约金

因为违约金涉及经济责任，所以在签约时，双方都应明确约定责任条款，避免在合同实施过程中出现责任不明确的情况。如果不这样做，一旦发生违约，可能会导致双方因为责任界定不清而产生纠纷。

3. 空白条款

这些条款通常涉及试用期、月薪金额、违约金额等重要事项。然而，这些条款在协议书中是空白的，需要在后续阶段进行填写或达成补充协议。对于毕业生来说，这种做法存在一定的风险。因为这些空白条款直接关系到他们的切身利益。如果不及时补充或明确这些条款，一旦发生纠纷，毕业生可能会处于不利的地位。因此，毕业生在签订就业协议书时，必须密切关注这些空白条款，并及时采取补救措施。

4. 补充协议

很多时候，双方可能会对就业协议书中的某些内容进行补充或修改。补充协议可以涉及各种内容，如免责条款、与劳动合同相衔接的内容，以及用人单位对毕业生的其他要求。例如，免责条款可能规定，如果毕业生考上研究生或成为公务员，那么就业协议将自动失效。此外，与劳动合同相衔接的内容也是关键，可以详细描述工作岗位、工作质量、试用期后的工资和福利等。

5. 就业协议的解除

就业协议的解除主要有三种情况：单方擅自解除、单方依法解除和双方协商解除。不同的解除方式涉及的法律责任和程序也有所不同。

（1）单方擅自解除。在这种情况下，解除方未经对方同意，擅自终止协议。这是一种违约行为，通常会对解除方带来一系列的法律后果。解除方可能需要支付违约金，或面临其他法律制裁。

（2）单方依法解除或依协议解除。这是在有明确法律或协议条款支持的情况下进行的。例如，如果毕业生未取得毕业资格或未通过公务员考试，用人单位有权依法或依据协议解除就业协议。在这种情况下，解除方不需要承担任何法律责任。

（3）双方协商解除。当双方都认为继续执行协议不再合适时，他们可以通过友好协商终止协议。在这种解除方式下，双方均不需要承担法律责任。但需要注意的是，协商解除还需要报告给主管部门。

6. 就业协议的争议处理

面对就业协议中的争议，毕业生和用人单位可以采取以下几种途径来解决。

（1）通过学校进行协商。学校作为培养学生的地方，对双方都有一定的影响力，也了解学生的实际情况和需要。通过学校作为中间人，双方可以在相对和谐的环境中进行交流，找到双方都能接受的解决方案。这种途径的优势是效率高、操作简单，而且对于初入职场的毕业生来说，更容易为他们创造一个和谐的沟通环境。

（2）由省级就业主管部门进行调解。这些部门具有行业知识和经验，能够为双方提供专业的调解服务。与通过学校进行协商相比，这种途径更加正式，也更具有行业针对性。调解的过程可能涉及详细的事实调查、证据收集和专家咨询。尽管过程可能比较烦琐，但通常能够得到双方都认可的结果。

（3）当上述两种途径都不能达成一致时，双方还可以选择法律途径。向劳动争议仲裁委员会申请仲裁是一个比较快速的法律程序，但它的裁决是有约束力的。如果仲裁无法解决争议或双方对仲裁结果不满意，可以向法院提起诉讼。诉讼的过程相对复杂，时间周期也较长，但它的判决具有最终的权威性。

三、劳动合同的维权知识

劳动合同是保护劳动者合法权益最有效的武器，因此，大学毕业生报到上岗后，应在起用日起一个月内与用人单位签订劳动合同，明确劳资双方的权利和义务。

（一）劳动合同与就业协议书的关系

1.性质不同

就业协议书是毕业生在学校与用人单位间的初步协商成果，它仅仅是一个意向协议。而劳动合同则是一个具有法律约束力的文档，明确规定了雇员和雇主之间的权利和义务。简而言之，前者是对未来可能的合作进行的初步讨论，后者则是正式的聘用关系的确认。

2.内容不同

就业协议书更多地关注用人单位和毕业生之间的基础条款，如服务期限、试用期限及待遇等。而劳动合同则涉及更具体、详细的内容，如工作内容、工资待遇、工作时间、假期、福利、劳动纪律等，为雇员提供了一个全面的工作描述和条件。

3.时效不同

就业协议书的效力通常在毕业生正式加入用人单位后自动终止。相比之下，劳动合同的时效要复杂得多。它可能在到期、解雇或其他在合同中明确规定的条件下终止。

4.争议解决的主要方式不同

当涉及争议解决时，两者也采取不同的方式。就业协议书中的争议通常由学校或上级就业主管部门调解，主要基于毕业生的就业政策。而劳动合同的争议则更为正式，需按法律规定进行调解、仲裁或诉讼。

5.相互联系

通常，毕业生首先与用人单位签订就业协议书，明确双方的初步意向。然后，在正式开始工作之前，双方会签署劳动合同，进一步明确和规范双方的权利和义务。这意味着，劳动合同往往是在就业协议书的基础上进行的进一步明确和完善。

（二）劳动合同的维权要点

1.“陷阱”合同

在人才市场中，雇主和员工之间的合同关系是确保双方权益的基础。然而，并不是所有的合同都是公平和透明的。有一些合同存在明显的问题，容易给签约方造成损害。这类便是“陷阱”合同。

（1）口头合同。即无书面形式的合同，存在很大的风险。由于没有书面记录，当双方出现纠纷时，员工难以提供证据支持自己的观点，极易导致权益受损。

（2）格式合同。这种类型的合同往往采用统一的格式，对于不同的个人和情境都没有做出相应的修改。更为严重的是，其中可能存在模糊条款，如“一定期限内”“一定数额”等不明确的描述，为将来可能的纠纷埋下隐患。

（3）生死合同。这类合同涉及员工的生命安全。合同中可能会有如“若发生意外，劳动者后果自负”或“工伤概不负责”等条款，旨在逃避雇主的责任，对于员工来说，这是极为危险的。

（4）“一边倒”合同。这种合同只关注应聘方的义务和违约责任，而对于其权利则置之不理。这明显违背了合同公平性的原则，极易导致员工权益受损。

（5）“两张皮”合同。即存在两份合同，一份用于应对外部部门的审查，另一份则是双方真正执行的合同。这种做法不仅欺骗了劳动监管机构，也可能损害员工的合法权益。

2.抵押金

有些用人单位可能会以各种理由要求劳动者支付抵押金，或者扣押其身份证、暂住证等证件。这类做法是绝对违法的。任何形式的收取抵押金或扣押个人证件都侵犯了劳动者的合法权益。这不仅违反了劳动法律，而且可能涉及侵犯个人隐私和身份权益。劳动者一旦遭遇此类情况，必须及时与用人单位沟通并寻求法律途径，确保自己的权益不受侵犯。

3. 劳动报酬

劳动报酬通常包括基本工资、奖金、各种津贴、加班费、病假工资以及在特殊情况下的工资等。另外，劳动报酬的支付方法也是需要注意的，如支付频率、支付方式等。最为关键的是，劳动者的报酬不得低于法定的最低工资标准。这是国家为了保障基本的生活水平而制定的法律规定，任何低于这个标准的工资都是违法的。

4. 工作内容

工作内容不只是简单地列出职责和任务，而是一个全面、具体的描述，涵盖了工作的岗位、性质、范围以及期望的结果和质量标准。这为劳动者提供了一个清晰的工作方向，使其知晓自己的工作职责与目标，从而更好地完成任务。但是，有时市场上存在一些用人单位使用误导性的词语诱骗求职者，如用“网络营销”掩盖传销，或用“物流管理”隐瞒基层的仓库管理工作。这种偷换概念的做法不仅损害了劳动者的权益，也降低了用人单位的信誉度，对双方都是不利的。

5. 社会保险

参与社会保险是每一位劳动者的权利。包括养老保险、失业保险、医疗保险、工伤保险和生育保险在内的社会保险制度为劳动者提供了一个安全网，确保他们在面对生活的各种风险时能够得到必要的支持。对于用人单位而言，为员工提供社会保险是法律的强制性规定。即使双方私下协商提高工资，也不能取代社会保险的提供。

6. 劳动合同的解除

劳动合同的解除有三种情形：合意解除、用人单位单方解除、劳动者单方解除。用人单位单方解除又分为三种：过错性解除、非过错性解除、裁员。劳动者单方解除分为预告解除和即时解除两种。

（1）合意解除合同。当双方都同意解除合同时，这意味着这种决策是在相互的同意和理解基础之上做出的。因此，法律规定，在这种情况下，双方均无须承担任何违约责任。在合同解除的情境中，经济补偿金的支付通常取决于提出解除合同的一方。如果是用人单位首先提出解除，他们需要支付经济补偿金。如果员工首先提出解除合同，用人单位则无须支付任何补偿金。

在试用期内，劳动者提前 3 日以书面方式通知用人单位，不需要任何理由就可以解除劳动合同。用人单位证明劳动者不符合录用条件的也可以随时解除合同。

（2）用人单位单方解除合同。

①过错性解除劳动合同。过错性解除劳动合同主要涉及劳动者的过错。这些情况说明劳动者在与用人单位的合作中存在严重问题，导致其失去了为用人单位工作的资格。过错性解除劳动合同的情况包括劳动者在试用期内被证明不符合录用条件的；严重违反用人单位规章制度的；严重失职，营私舞弊，给用人单位造成重大损害的；劳动者同时与其他用人单位建立劳动关系，对完成本单位的工作任务造成严重影响，或者经用人单位提出，拒不改正的；以欺诈、胁迫的手段或乘人之危，使对方在违背真实意思的情况下订立或者变更劳动合同的；劳动者被依法追究刑事责任的。如果出现以上情况，用人单位可以单方解除合同。

②非过错性解除劳动合同。与过错性解除劳动合同不同，非过错性解除劳动合同并不是因为劳动者的过错。例如，劳动者因长期病痛治疗后仍然不能工作，或者劳动者经过培训和调整后仍然不能胜任工作，这些都是客观原因，而非劳动者的主观过错。此外，如果劳动合同达成后，由于某种不可抗力或其他外部因素导致劳动合同无法继续履行，那么解除劳动合同也是为了保护双方的利益。

③裁员。用人单位裁员是一种特殊的解除劳动合同的情形。当面临经济困难或者濒临破产时，企业为了维持生存，可能需要裁减部分员工。但这种裁员必须提前 30 天通知工会和全体员工，并听取他们的意见。同时，这一决定还需要上报劳动行政管理部门，以确保裁员是在合法、合

规的情境下进行的。

（3）劳动者单方解除合同。预告解除是一种更为自主的方式。劳动者在这种情况下并不需要为解除合同提供任何理由。他们只需提前30天以书面形式通知用人单位，告知他们对合同的终止意向。这样的规定确保了劳动者在工作中的自主性和流动性，使他们能够基于个人的职业规划或其他个人原因自由地调整自己的工作状态。用人单位在收到这样的通知后，除非有法定原因，否则不得拒绝劳动者的决定。

相对于预告解除，即时解除劳动合同是在更为特殊和紧急的情况下发生的。这种解除方式涉及用人单位的某些不当行为。例如，如果劳动者被迫进行劳动，用人单位未按合同约定支付劳动报酬、提供劳动条件或存在其他违约或违法行为，劳动者都有权选择即时解除劳动合同。并且，在这些情况下，劳动者不需要负任何违约责任。

（三）劳动争议的解决

劳动争议是现代社会中常见的纠纷类型之一，尤其在经济变革和社会发展的背景下，劳动者与用人单位之间可能出现对权利和义务的理解和执行上的分歧。为了公正、高效地解决这类纠纷，国家提供了多种解决途径，包括协商、调解、仲裁和诉讼。

1. 协商：双方直接沟通解决问题

协商是解决劳动争议的最直接和最初级的方式。这通常是劳动者和用人单位直接讨论和解决他们之间的问题。这种方式的优势是简单、快速，并且节省了大量的资源。然而，成功的协商往往需要双方都持开放和合作的态度。如果双方在某个问题上持有固执的立场，协商可能难以取得成功。

2. 调解：第三方的参与帮助和解

当协商不再可行时，调解成为另一个选择。调解通常涉及一个第三方，如劳动争议调解委员会。调解的主要目标是帮助双方达成一个双方都可以接受的解决方案。尽管调解是自愿选择的，且没有法律的强制执行力，但其带有的中立性和第三方的影响力常常可以促成和解。

3. 仲裁：具有法律效力的裁决

仲裁是在调解未能成功后的另一个选择。与调解不同，仲裁的结果是具有法律效力的，且对双方都具有约束力。仲裁的过程相对快速和灵活，并且一旦仲裁委员会做出裁决，这一裁决就具有强制执行力。是许多人选择仲裁作为解决劳动争议的方式，就是因为它既能保证效率，又能确保结果的执行。

4. 诉讼：向法院申请正式的判决

诉讼是劳动争议解决的最终途径。当劳动者或用人单位对仲裁结果不满意时，他们可以选择向人民法院提起诉讼。诉讼过程可能相对复杂和需要较长时间，但它提供了一种确保公正和遵循法律程序的方式。一旦法院做出判决，该判决就具有最终的约束力。如果一方当事人不执行法院判决，另一方可以请求法院强制执行。

第七章　当代大学生职业生涯创业管理

第一节　创业与创业精神

一、创业的基本类型

（一）以创业主体的性质为依据进行分类

1.个人独立创业

在这种情况下，创业者通常是一个具有独特技能或知识的个人，他们决定创建自己的企业。为了实现这个目标，他们可能会购买专利、技术或其他资源，为自己的企业提供竞争优势。个人独立创业者承担了所有的风险，但也享有企业成功带来的所有回报。这种创业方式需要强大的个人驱动力、创新思维和承担风险的勇气。

2.公司附属创业

与个人独立创业不同，公司附属创业是由已经存在和相对成熟的公司发起的。这种创业方式通常是为了扩展公司的业务、进入新的市场或实现业务多元化。在这种情况下，母公司通常会提供必要的资源、资金和支持，帮助新公司快速成长和稳定。公司附属创业可以有效地利用母公司的品牌、技术和其他资源，减少创业风险，加速企业成长。

3. 公司内部创业

公司内部创业，有时也被称为企业家精神或内部创新，是一种特殊的创业方式。它是由企业内部的员工发起的，他们有创业的愿望和理想，并且获得了组织的支持。在这种模式下，员工和公司共同承担风险，并共享创业的成功。这种方法鼓励员工创新、提出新的商业模式或产品，并将其转化为可盈利的企业。公司内部创业可以增加员工的满意度、激励和留住关键人才，同时为公司带来新的增长机会。

（二）以创业起点的不同为依据进行分类

1. 创建新企业

这种创业可以是由一个或多个创业者开始的，他们发现了一个市场机会，有创新的想法或技术，并决定创建一个企业来利用这些资源。但创建新企业并不仅限于个人创业者。已经存在的公司也可能创建新的、在管理上保持独立性的企业。无论是个人创业者还是已经存在的公司，创建新企业都需要大量的资源、承担风险和持续的努力。

2. 公司再创业

再创业是一个特殊的创业方式，它适用于已经存在但面临挑战的公司。由于各种原因，如产品的过时、市场营销策略的失败或组织管理体系的问题，这些公司会陷入困境。为了逆转这种趋势，它们需要进行再创业，这意味着重新审视和调整自己的业务模式、产品和战略。公司再创业可能涉及全面的组织变革，如重组、合并或剥离某些业务部门，还可能涉及对产品、市场和品牌进行重新定位，或者开发新的技术和商业模式。再创业的目标是使公司适应新的市场环境，找到新的增长机会，并重新获得竞争优势。

（三）以创新层次的不同为依据进行分类

随着市场竞争的日益加剧，单纯依赖传统的商业模式和产品已不再足够。因此，创业者们追求不同层次的创新，为他们的企业创造独特的价值和竞争优势。以创新层次的不同为依据，创业可分为基于产品创新和基于市场营销模式的创新。

1.基于产品创新而创建企业

基于产品创新的创业涉及长时间的研发、多次试验和错误，并需要大量的资源投入。但成功的产品创新可以为企业带来显著的竞争优势，为消费者提供独特的价值，并为企业创造持久的盈利来源。

2.基于市场营销模式的创新而创建企业

基于市场营销模式的创新重点在于如何将产品或服务提供给消费者。这类创业者并不提供全新的产品，但他们为现有的产品提供全新的销售、分销或推广方式。例如，一家公司采用订阅制、直销或线上平台等不同于传统的销售方式，为消费者提供更便捷、更有针对性或更有价值的购买体验。通过这种方式，公司能够在高度竞争的市场中脱颖而出，吸引更多的消费者，并建立持久的客户关系。基于市场营销模式的创新要求企业家有深入的市场洞察、对消费者行为的理解和创新的商业模式思维。

二、创业精神的含义

创业精神作为一个创业者的核心价值观和企业的推动力，对于任何成功的创业活动来说都是至关重要的。创业精神包括两个层面：精神层面和实质层面。创业精神的精神层面主要指的是一种基于创新的做事和思考方式。创业者需要具有对现有事物的质疑态度、对新事物的好奇心，以及对困难和挑战的无畏精神。这种思维方式鼓励他们不断地探索、尝试并创新，而不是满足于现状或被现有的规则和框架所限制。创业精神在实质层面主要关注如何将新的想法、技术或资源转化为对市场有价值的产品或服务。创业者需要具有发掘机会的眼光、组织和管理资源的能力，以及建立和运营新公司的技巧。

在众多成功的企业背后，创业者的创业激情和精神往往是他们取得成功的关键因素。这种创业激情并不是空洞的口号，而是深植于企业文化中的一种生命力。它既体现在个人的决策和行为中，也体现在组织的每一个角落。个体的创业精神通常来自个人的梦想、愿景和信念。这是一种从内部驱动的力量，使创业者愿意承担风险，面对挑战，并不断追求创新。他们不满足于现状，总是在寻找更好的方法、产品或服务来满足客户的需求。组织的创业精神，则更多地体现在整个团队或组织的共同目标和愿景中。这是一种集体的力量，它鼓励每一个成员为共同的目标而努力，共同面对挑战，共同分享成功。在这样的组织中，虽然每个成员都有自己的个人利益，但他们更重视的是整个组织的利益和成功。

现代大学生所要努力培养的独立创业精神，其基本内涵体现在以下几方面。

（一）关爱社会

在今天这个充满机会和竞争的时代，创业已经成为许多人追求梦想的方式。但创业背后的真正动力并不仅仅是追求财富或成功，更多的是一种对社会、对国家、对他人的深厚关怀和责任感。有爱心才会有创新。只有当一个人对社会和他人充满关心和爱心，他才能真正创新，为社会带来更大的价值。创业不应当是一个单纯为了追求个人利益的过程。真正的创业精神，应当是基于一种广泛的人文关怀，对社会、国家和他人都具有深厚的责任感。这种责任感不仅仅是道义上的，也是法律上的。一个真正的创业者应当在自己的事业中不断追求人与自然、人与社会的和谐发展，为社会带来持续的价值。

在市场经济背景下，受过高等教育和大学文化熏陶的人更应当超越现实的功利，追求更高的人生目标。他们不仅要掌握生存的知识和技能，更要坚守真、善、美的价值原则，为社会带来更大的正能量。

（二）开放心灵

在快速变化的时代，心灵的开放性成为前进的关键。封闭的心境很容易使人们陷入过去的固定模式，从而错过探索和创新的机会。新奇和陌生的事物尽管可能与人们的传统和习惯相悖，但它们为人们提供了看待世界的全新视角。只有勇敢接受和拥抱变化，才能真正地创造出一个不同于过去、充满可能性的未来。

（三）忘却过去

固守过去的荣誉或失败都会阻碍一个人的进步和创新。回忆往昔的辉煌时光，确实能带来暂时的满足感，但它不能决定未来的轨迹。过去的失败同样是如此，它不应成为前行的绊脚石。真正的成功属于那些不满足于过去、敢于面对未来、勇敢追求梦想的人。因此，大学生要活在当下，珍惜每一个机会，不断努力，为未来的辉煌创新和前行。

（四）喜迎变革

在这个日新月异、瞬息万变的时代，不断的变革已经成为生活的常态。从技术的进步到文化的交融，从生活方式的变迁到思想观念的升华，变化无处不在，深刻地影响着每个人的生活。站在这样的历史节点上，坚持过去的方式，无视变革的力量，就意味着放弃了前进的机会。对于国家来说，闭门造车，固守传统，也只会让其在国际舞台上失去竞争的先机。无论是个人还是国家，都应当珍视创新的力量，勇于迎接变革，持续进步。只有这样，才能在这个变革的时代中找到自己的定位，实现自己的价值和梦想。

（五）百折不挠

创新，是一条布满荆棘的道路，充满了未知和风险。每一次的探索和挑战，都伴随着失败和挫折的可能性。正如人类探索太空，背后隐藏的是无数的试验、错误，甚至牺牲。但正是因为这种坚韧不拔、敢于追梦的精神，人类才能够站在历史的新高度。所以，每一个渴望创新的人不应畏惧困难，而应勇往直前，让对未来的信念和希望之光成为前进的指引。

（六）积极乐观

大学生活中充满了创新和变化，这需要一种正面、开放的心态去面对。积极乐观并不是盲目地对未来持有过高的期望，而是在面对困难时能够保持冷静，坚定地相信自己能够克服它。这种心态将成为他们面对职场竞争、解决问题，以及实现长远目标的强大动力。在每一次跌倒后，积极乐观的心态都会鼓励他们站起来，继续前行。它使得每一天，无论是成功还是失败，都变得意义非凡。

（七）永不满足

对于大学生来说，他们应该认识到，学业结束并不意味着学习的结束。在现实社会中，知识更新的速度极快，每天都有新的技术、新的观念和新的机会出现。只有永远不满足现状，才能不断进步，才能追赶上时代的步伐。生活中的每一个机会，都是对自己的一个挑战，都需要勇气去迎接，去尝试。这就需要一种永不满足的精神，要有永远追求卓越、不断完善自我的决心。

第二节　创业教育

一、创业教育的概念

21 世纪，是一个充满机遇和挑战的世纪。在这样的背景下，创业教育显得尤为重要。不同于传统的认知，创业教育并不只是为那些想要自己创业的人准备的。创业教育从广义上来说是培养具有开创性个性的人。在现代社会，不仅仅创业者需要这种教育，面临就业的大学生也同样受益于此。很多企业和组织在招聘时，已经开始重视受雇者的创业能力、独立工作能力以及社交和管理技能。

创业教育的核心并不仅仅在于教授商业策略或市场运营知识，它更多的是对个体独立思考、团队合作和面对失败的坚强意志的培养。这样的能力和素质并不是短时间内可以培养出来的，它需要长时间的教育和实践。而且，这种教育并不是孤立的，它应当建立在坚实的基础教育之上。没有扎实的基础知识，很难有深入的创新和突破。

二、创业教育的价值

（一）培养大学生独立思考和解决问题的能力

在创业教育中，学生被鼓励独立思考、提出问题和寻求答案。这种训练不仅对于未来的创业家来说是必要的，对于任何职业领域的人来说也是一种宝贵的经历。学会独立思考可以帮助人们在复杂的环境中做出明智的决策，而解决问题的能力则确保他们能够面对挑战和变革。

（二）激发大学生的创新和创意思维

创业教育强调新的观念和方法的创造性思考。在这种教育环境中，学生被鼓励跳出传统框架，寻找新的方法和途径去实现目标。这种创新精神在现今快速变化的世界中尤为重要，无论是在商业领域还是在其他领域。

（三）培养大学生的风险意识和勇气

创业固然充满机会，但也伴随着风险。创业教育教授学生如何评估风险、如何冒险以及如何从失败中吸取教训。这种风险意识和勇气不仅对于创业家来说是必要的，对于生活中的每一个挑战也都是一种必备的素质。

（四）推动经济增长和创造就业机会

创业教育不仅对学生本身有益，还对整个社会、国家乃至全球经济都有积极影响。新的企业和创新项目为社会创造了新的就业机会，也为经济带来了新的增长点。此外，新兴企业往往在技术和创新方面处于领先地位，为社会带来了新的产品和服务，提高了人们的生活水平。这些企业也为税收提供了重要的来源，为公共服务和基础设施投资提供了资金。

三、发展创业教育的方法

（一）加强创业体验

1. 从体验性创业入手培养创业意识

在我国，大多数大学生缺乏真实的创业经历，因此很难真正理解创业的本质和挑战。为此，教育部门和高校可以鼓励学生从简单的体验性创业项目开始，如网上商店、小商品推销、设计某种小产品或策划经销活动等。这种实践式的创业体验可以让大学生对创业有一个直观的了解，培养他们的创业意识，并学习创业所需的基本技能。

2. 实地调研加深对创业的认识

为了更好地理解创业的实际环境，高校可以鼓励大学生进行创业社会调查。例如，从大一开始，学生可以利用寒暑假对社区的便民商店、冲印店、打印复印店等进行实地调研，了解这些企业是如何开办和运营的。实地调研不仅可以为学生提供第一手的信息，还可以帮助他们建立与企业家的联系，了解创业的现实挑战。

3. 勤工俭学活动培养创业精神

创业不仅是关于赚钱的，更需要独立思考、解决问题和坚持不懈的努力。为了培养这种创业精神，大学生可以参与勤工俭学活动，如销售某些产品或参加企业的促销活动。通过这些活动，大学生可以亲身体验创业的艰辛，了解创业的基本知识，并学会如何在商业环境中做决策。

（二）以创业为导向进行专业教育

在当今这个日新月异、充满竞争的社会里，单纯的专业知识教育已经不能满足大学生的未来职业需求。真正的教育应该培养学生的创新精神和实践能力，使他们能够凭借自己的专业知识在复杂的商业环境中找到立足之地。具体实施内容如下。

1. 学专业想创业——打造以创业为导向的专业教育

为了满足现代社会的需求，专业教育必须与时俱进，加入与创业相关的教学内容，在传统的专业课程中融入创业的元素，教授学生如何将所学知识应用于实际的商业环境。教育部门和高校应该鼓励并指导学生查阅与专业型创业相关的中外资料，使他们能够熟悉行业的各种规定，如准入制度、法律法规、行业标准等。此外，学生还应该学会收集、积累和掌握专业型创业的各种相关商务信息，如市场环境、价格、供应链等，为他们未来的创业活动做好充分的准备。

2. 学专业找商机——深挖专业领域的商业价值

掌握专业知识的学生往往能够看到其他人看不到的商机，这是他们的独特优势。为了充分发挥这一优势，教育部门和高校应该引导学生在掌握专业知识的同时，时刻关注行业的发展趋势，寻找那些具有专业性、门槛高、投资适中的商机。这些商机可能是一项新的技术、一种新的市场需求或一个新的商业模式。为了深入了解这些商机，学生应该进行深入的市场调研，了解行业的供需关系、竞争态势和消费者需求。

3. 组织专业型创业实习——提供模拟环境

许多学生虽然对创业充满热情，但由于缺乏实地经验，很难判断商机的真实价值。在实习过程中，学生不仅可以学习行业的专业知识，还可以积累人脉，建立与业内专家和企业的联系。这样，他们在未来创业时，就有了一个初步的合作伙伴和顾问团队。同时，学生在寒暑假进行全方位、多地点的实地考察，能够使他们拓宽视野，更全面地了解市场。

4. 创业导师制度——从专家角度解读创业商机

邀请校内外的专家来分享他们的知识和经验是促进学生了解创业环境的有效方法。这些专家不仅可以分析专业领域内的商务链、价值链和创业商机，还可以为学生提供独特的行业视角，帮助他们更好地理解自己所学专业的应用和价值。

5. 进行与专业相结合的创业培训——系统的创业培训课程

邀请有经验的专业教师和专业型创业的校友分享他们的成功经验，可以帮助学生更加具体、明确地了解从专业知识到创业实践的转化过程，为他们提供创业的思路和方法。

第三节 创业管理

一、创业的动因

一个行为之所以得以产生，背后都有其深层次的动因驱使。正如创业这一行为，虽然表面上看似是为了经济利益或实现某种理想，但真正推动人们走上创业之路的原因多种多样。例如，有的人在市场上发现了机会，相信自己的经营模式比前人更有效率；有的人希望将拥有的专长发展成为一项新事业；有的人已经完成新产品开发，而且相信这项新产品能在市场上获得利润；有的人想要实现个人的梦想；还有的人相信创业是致富的路径。

在当下的社会背景下，大学生就业市场的形势正在发生着深刻的变化。面对竞争加剧的就业环境，一部分大学生已经开始转变思路，他们不再满足于和他人争抢有限的“就业蛋糕”，而是选择自主创业，亲自做出一个属于自己的“蛋糕”。这些大学生对创业的追求往往蕴含着更为深层次的价值和期望。在这个时代，真正有能力、有胆识进行创业的，多是那些具备高素质特质的人。他们是组织者和领导者，有着旺盛的精力和坚强的意志。这些高素质的人才并不仅仅是为了自己的利益去创业，他们更看重的是为国家和人民创造价值。创业不仅可以提供更多的就业机会，还能为国家带来经济增长和社会进步。这样的创业者具备强大的社会责任感，他们的目标不只是追求个人的成功，更是希望为整个社会带来正向的变革。

知识经济时代的到来为大学生创业提供了更为广阔的舞台。现如今，不少专业知识工作者也选择加入创业的队伍中，他们运用自己的知识和技能，探索新的商业模式和创新点子。与传统的创业者不同，知识型创业者更加注重系统性地寻找和分析创业机会，他们会对市场进行深入的研究，然后拟订翔实的创业计划。在充分准备后，他们再为实现这些计划筹措资金，将企业和产品推向市场。而当企业取得成功后，所有参与这一创业活动的人都可以获得应有的回报。

二、创业的机会

在创业的道路上，寻找创业机会是非常重要的。创业机会无处不在，只是需要人们用心去感知和把握。

（一）变化就是机会

变化本身就孕育着无数的机会。每当环境变动，无论是微妙的还是巨大的，它都可能带来新的市场需求、新的消费习惯和新的商业模式。从产业结构的变化到科技的进步，从信息革命到政府政策调整，每一个领域的变动都可能为创业者带来新的思考和机会。

（二）把握“低科技”

许多人误以为，创业机会主要集中在高科技领域。确实，随着科技的发展，许多高科技公司在风险投资领域备受瞩目。但实际上，那些看似“低科技”的领域同样充满机会。例如，在运输领域，随着共享经济的兴起，共享单车、共享汽车等模式迅速崛起，为人们出行提供了新的选择。在金融领域，各种线上支付、互联网金融平台等“低科技”应用正在颠覆传统金融行业。在保健领域，随着人们对健康的日益关注，各种健康食品、养生饮料、健康管理 APP 等产品和服务正在崭露头角。而在饮食领域，各种特色餐饮、新型快餐、健康饮食等模式也大受欢迎。

（三）关注某些顾客的需要

在当今高度竞争的市场环境中，仅依赖大众需求是不足以创新和成功的。机会不能从全部顾客身上去找，因为共同的需求已经很明确，也相对固定，很难再找到突破口。但是，如果从另一个角度思考，人们会发现隐藏在表面之下的无数机会。

每个人都有自己独特的需求和习惯，这些需求和习惯往往由其日常生活和工作所决定。人们如果细致观察和研究，就会发现这些隐藏的需求和机会。例如，政府职员可能需要更高效的文件处理工具，农民可能需要更方便的种植方法，大学讲师可能在寻找更加互动的教学方法，而杂志编辑则可能需要更先进的文本编辑工具。

要真正洞察市场的机会，就应该习惯性地对顾客进行分类，并针对每个分类进行深入的研究。小学生的需求和单身女性或退休职工的需求肯定是不同的。一个产品或服务无法满足所有人的需求，但创业者可以专门为某一类人群设计产品或服务，以满足他们的特定需求。

（四）追求“负面”机会

所谓追求“负面”，即是将视角放在大家普遍苦恼与困扰的事务上。这些问题背后往往隐藏着巨大的市场机会。正如双职工家庭因无时间照顾小孩而诞生的家庭托儿所，或因无暇购买食材而出现的送菜公司一样，“负面”的视角是一个深挖需求与创新的视角。

具体而言，想要创业的大学生还可以从以下几个方面寻找创业机会。

1.从细分市场中寻找创业机会

通过对细分市场的深入研究，大学生可以分析出用户的真实需求，同时分析市场的竞争程度、进入障碍、风险和利润空间。例如，对于有特定饮食需求的群体，如素食者或低糖饮食者，可能就存在为他们提供特色食品或餐饮服务的机会。

2.从科技的变革中寻找创业机会

科技的进步往往带来行业的颠覆性改变。例如，电脑替代了打字机。对于创业者来说，科技变革意味着原有的模式被打破，新的市场空间正在形成。如今，随着人工智能、大数据、物联网等技术的飞速发展，现代大学生应时刻关注哪些行业可能因此而产生巨大变革，从而找到新的商机。

3. 从经济周期中寻找创业机会

经济总是有高潮与低谷。经济低谷时，生产要素成本低廉，进入市场的障碍也相对较小。大学生应善于利用经济周期的规律，抓住市场的有利时机，进行投资或扩张。

4. 从国家政策中寻找创业机会

国家政策往往预示着经济发展的方向。例如，当国家提出建设社会主义新农村或西部大开发时，这意味着相关领域将有大量的投资与机会。大学生可以依托政策导向，寻找与之相关的商机。

5. 从人口统计资料中寻找创业机会

随着人口老龄化，为老年人提供服务的市场需求逐年扩大。不仅仅是养老服务，老年人的旅游、健康、娱乐等多方面的需求都在增长。大学生利用人口统计资料，可以预测未来的市场趋势，并据此布局。

6. 从区域经济发展的不平衡中寻找创业机会

经济发展的不平衡意味着在某些落后地区还有大量的市场机会未被挖掘。在这些地区寻找创业机会，不仅可以实现经济利益，还有助于促进地区间的均衡发展。

三、大学生创业选型

目前，可供我国大学生选择的基本创业形式主要有以下几种。

（一）自雇型创业

所谓自雇型创业是指大学毕业生创建的自雇型企业，他们既是创始人，又是雇主，从而成为自雇型企业主。这类企业的业务与大学生所学专业并没有必然的联系，而是更多地依赖于他们的兴趣和激情。自雇型企业不仅仅是国内的概念，在国际上也得到了广泛的认可和推广。

这种创业模式的主要特点有：第一，它具有微型性。自雇型企业一般由个人或家庭经营，也可能雇佣少数员工，但员工数量通常不超过5

人。第二，这类企业具有强烈的社区性。他们大多数创建于社区，依托于社区并服务于社区，主要面向本社区的居民提供产品或服务。而且，由于其业务规模较小，生意半径通常较短。第三，自雇型企业也得到了政府的大力支持。由于这类企业虽然规模小，但能为社会创造大量的就业机会，因此政府为其提供了许多扶助政策和服务。

自雇型企业的主要优势在于其高度的自主性。创业者可以根据自己的兴趣和激情进行业务运营，不受外部环境的约束。此外，由于其规模较小，所以具有很高的灵活性，能够迅速应对市场变化。而且，由于其业务简单，创业和经营成本也相对较低。这些因素使得自雇型创业成为经验和资金不足的大学生以及我国的下岗失业等弱势群体的理想选择。自雇型企业的主要劣势是弱小、单兵作战、资源有限而且缺乏获取资源的能力以及商业信誉不足等。

（二）专业型创业

专业型创业主要分为两大类。第一类是大学毕业生基于所学知识和技能创办的公司，涵盖供应链、生产、销售以及服务等环节。例如，材料科学专业的学生可能会创建新型材料公司，为相关产业或独立生产者提供专业材料。第二类专业型创业则更偏重于直接为终端消费者提供专业服务。例如，心理学专业的毕业生可能会在社区内开办心理咨询所，为当地居民提供心理健康服务。

专业型企业的主要业务类型包括以下四类。

1.物流供应型企业

物流供应型企业在当前经济生态中起着至关重要的作用。它们扮演着桥梁的角色，连接生产者与使用者，保证了多种行业的顺畅运作。尤其当专业知识与供应链管理相结合时，这种企业模式为大学生提供了新的创业机会。以医科毕业生为例，他们深知医疗行业的需求和特性。如果他们选择开办为医院供应医疗器械、敷料、药品等医疗物品的公司，那么他们的专业背景将为他们提供竞争优势。他们可以精准识别医疗机构的需求，从而提供更为精确和高效的服务，确保医疗物品的品质和准时供应。再如，工科毕业生对于机械、原料等的特性和用途有深入的了解。当他们为工业企业提供相关供应时，他们的技术背景可以帮助他们选择合适的材料和设备，提供更为科学的建议，降低成本并提高效率。农科毕业生则可以利用其对农业的专业知识，为农民提供最佳的农机设备、种子、化肥等。他们对土壤、气候和作物的知识能够帮助他们提供合适的农业用品，从而提高农作物的产量和品质。

2. 生产配套型企业

生产配套型企业主要为其他企业或行业提供必要的生产配套服务。比如，口腔专业的毕业生对口腔领域有深入的了解，可以为口腔医院开办专门加工假牙的工厂。他们的专业知识使他们能够生产出更逼真、更舒适、更耐用的假牙，满足医院和病人的需求。同样，工科毕业生可利用自己的专业技能，为大工业企业提供零配件生产的服务。他们了解工业生产的流程和需求，可以快速响应大企业的订单，为其提供高质量的零部件。

3. 产品销售型企业

产品销售型企业则主要针对消费者提供商品的直接销售服务。例如，医药学科的毕业生凭借专业背景可以开设药店，为消费者提供合格的药品和专业的咨询服务。工科毕业生则可以运用自己的知识，开办工业产品销售公司，提供各类机械设备、工具等的销售和售后服务。农科毕业生则可以选择经营农产品销售公司，特别是目前市场上热门的绿色农产品销售店，为消费者提供健康、安全的农产品。艺术专业的毕业生凭借自己对艺术的热爱和理解，可以开设艺术品销售店，为艺术爱好者提供精致的艺术品。

4. 专业服务型企业

这类企业以提供专门针对某一领域或行业的专业服务为主，凭借其深入的行业知识和技能，为客户提供高效、专业和个性化的服务。例如，心理学专业的毕业生正面对一个对心理健康越来越重视的社会。他们可以利用自己的知识，开办心理咨询所，为社会大众提供心理健康辅导、情绪管理、心理疾病预防等服务。医学专业的毕业生凭借其对医疗领域的深入了解，可以提供医疗咨询服务，如推荐国内外治疗某类疾病的专家、医院，以及帮助患者进行预约、挂号等后续服务。师范专业的毕业生有着扎实的教育学基础和教育经验，他们可以根据市场需求，开办各类学校，为学生提供高质量的教育服务。而农科毕业生则可以考虑开设乡村流动农业技术培训站，将先进的农业技术传授给农民，帮助他们提高农业生产效率和经济效益。

（三）产品创新型创业

产品创新型创业主要是基于某一独特的知识产权、专利或新的商业机会，通过开发、生产和销售相应的产品来创办企业。这种创业形式具有两种主要的类型：一是基于技术革新或科学研究，开发和生产新一代的产品；二是开发新一代的营销模式。随着科技和互联网的迅速发展，很多传统的营销模式已经不能满足市场的需求。新的营销模式，如基于大数据的精准营销、社交媒体营销、内容营销等，能够更有效地触达目标客户，提高营销效率和效果。

产品创新型创业包含低端与高端两种形式。低端形式通常是基于大学生的专业知识和技能，开办一家传统企业。例如，服装设计专业的毕业生可以开办一个服装工作室，提供定制或原创的服装设计；口腔专业的毕业生可以开设一个小型的口腔医院，为客户提供专业的口腔治疗服务。产品创新型创业的核心和重点是其高端形式。这是基于某一独立的知识产权、专利或技术，开办一家高新技术产品的生产、制造和销售的企业。这类企业往往需要更高的创新能力和研发投入，但也能够带来更高的市场回报和竞争优势。

四、大学生创业的方向与产业领域

（一）大学生创业的方向

1.大型不如小型

大型项目具有其独特的优势：单位成本相对低，技术基础稳固，有潜力成为支柱产业。事实上，大型项目能够吸引大量的人力、物力和财力，形成产业链，并在经济体中占据重要的地位。但是，大型项目需要巨大的资金支持，而这样的资金规模往往超出了一般投资者的承受范围。除此之外，大型项目的管理和经营难度也大。更多的员工、更复杂的组织结构、更高的技术和管理要求，都使得大型项目的失败风险变得非常高。而小型项目通常需要的资金相对较少，因此对投资者的资金压力也较小。而且，这类项目的技术难度系数通常较低，不需要过多的技术储备和管理经验。这使得即便是初入该项目领域的新手，也能较为容易地掌握要领，获得成功。近年来，发展较快的民间投资项目种类千差万别，经营方式无奇不有，但上千万的大项目却寥寥无几。

2.重工不如轻工

重工业，如钢铁、煤炭、机械制造等，无疑是国家经济发展的基础。它为国家提供了硬实力的支持，为国家建设提供了必要的物质基础。但这些行业需要巨大的投资，且往往涉及长周期、高风险，使得民间资本对其望而却步。

轻工业，特别是消费品领域，如服装、鞋子、日常用品等，与人们的日常生活息息相关，市场需求大，变化快。对于投资者来说，轻工业具有投资少、回报快、风险低的特点，使其更有吸引力。此外，流通贸易中的轻工产品更是经济发展的龙头，其经营难度相对较小，而且更容易在短期内获得效益。因此，对于寻求快速回报的民间资本，轻工业无疑是更为合适的选择。

3. 做“男”不如做“女”

这并不是性别歧视，而是基于市场现实的冷静分析。市场调查显示，超过 70% 的购买力掌握在女性手中。从高档时装到化妆品，再到鞋帽、首饰，这些都是女性消费的重点领域。因此，投资者在考虑消费品领域时，如果能够将目标客户锁定为女性，会发现更多的商机。在生产和销售环节，针对女性的消费习惯、喜好和需求来调整，无疑会更加接近市场的脉搏，从而取得更好的经营效果。

4. 大人不如孩子

满足儿童的需求在很大程度上也意味着满足了他们父母的需求。在我国，家长们往往愿意为子女提供最好的，无论是食品、玩具还是其他日常用品。当孩子喜欢某个产品或品牌时，家长们通常会不遗余力地为其购买，因为这也代表了他们对孩子的爱和关心。因此，投资于儿童市场也意味着与广大家庭建立起深厚的关系和信任。

5. 综合不如专业

传统的投资者习惯于追求品种的丰富和大众买卖，他们认为大而全或小而全的经营方式是成功的保证。但随着市场经济的深入发展，综合化逐渐成为一种宏观的态势。它描述的是整体的市场格局，而在微观层面，专业化才是真正的王道。在一个日益细分的市场里，专业化可以为企业带来明显的竞争优势。专业化生产和流通更容易形成独特的市场特色。厂商在专业领域中积累的经验和技术能够为其带来竞争的优势，这使得他们在市场中脱颖而出。同时，专业化也为用户提供了更多的选择余地。

6. 新建不如租赁

传统上，投资者在启动一个项目时往往会从零开始：购买设备、招聘员工、建立厂房。这不仅需要大量的资金，还需要相当长的时间。随着经济的发展，市场上有大量的现成资源可以利用，包括人才、设备、厂房、铺面甚至管理机构等。这为投资者提供了一个巨大的机会：

租赁方式不仅可以大幅缩短投资周期，还可以节省大量的资金。这种效果对于想要快速进入市场、降低风险的投资者来说，无疑是非常吸引人的。

（二）大学生创业的产业领域

大学生思维活跃、充满活力，并对新鲜事物充满好奇与热情。经过几年的大学学习，他们在某些领域已经具备了不错的专业知识和技能，为创业奠定了一定的基础。但正如每枚硬币都有两面，大学生创业同样也面临着不少困难和挑战。由于大部分大学生还没有真正进入社会，他们对商界的了解相对有限，缺乏实际的社会经验。这不仅限于如何与人沟通交往、如何应对突发事件，还涉及更为复杂的企业管理、财务管理及营销等方面的经验。这些经验并不是在学校的课堂上可以轻易学到的，而是需要在实际的工作中逐渐积累。因此，大学生在创业时需要清醒地认识到自己的优势与局限性。他们可以利用自己的专业知识，选择与自己专业相关的创业领域，这样可以更好地发挥自己的长处。

1.IT 领域

IT 领域的高速变化与大学生的思维活跃、敢于创新的特质相匹配。在这个领域，每天都有新的技术、新的应用和新的机会出现，这为大学生提供了巨大的创业空间。而大学生作为数字时代的一员，更容易接受和驾驭这些新技术。但值得注意的是，IT 领域虽然机会多，竞争也相当激烈。只有真正掌握了核心技术，才能在这个领域立足。因此，大学生在选择 IT 领域创业时，不仅要有热情，还要有专业的知识和技能。

2. 高科技领域

高科技领域正逐渐成为现代经济的关键动力。对于身在高科技前沿阵地的大学生，这无疑为他们提供了难得的创业机会。与其他领域相比，高科技领域创业更加依赖深厚的技术功底和卓越的学科成绩，这也是为什么并非所有的大学生都适合在此领域中创业。就目前来看，软件开发、网页制作、网络服务、手机游戏开发等方向尤为受到市场欢迎，也是近年来创业的热门选择。

3. 特许加盟领域

加盟商通常会提供一套成熟的商业模型，包括经营手册、培训、广告支持等，这可以帮助初创企业家快速上手，并避免初创公司常见的失误。通过特许加盟，大学生可以利用已经建立的品牌知名度，节省大量的广告和宣传成本。尽管特许加盟有很多优势，但选择正确的特许加盟品牌是成功的关键。一个良好的加盟品牌不仅仅提供一个产品或服务，更提供一个经过市场验证的成功模式。因此，对于大学生或其他创业者来说，选择一个运营时间超过 5 年、拥有 10 家以上加盟店的品牌是非常明智的。除了选择合适的特许加盟品牌，创业者还需要考虑自己的兴趣和专长。例如，如果一个人对食品和餐饮业感兴趣，那么加盟一个快餐品牌可能是一个很好的选择。相反，如果对教育或技术感兴趣，那么校园小型超市或数码速印站可能更适合。

4. 咨询领域

与特许加盟相比，咨询业更依赖于个人的知识、经验和人际关系。旅游资讯服务、心理咨询、专业讲师和美体美容咨询顾问等，都是咨询业的一部分。大学生可以根据自己的兴趣和专长选择一个领域，并深入挖掘。例如，一个心理学专业的学生可以提供心理咨询服务，而一个善于表达的学生则可以成为一个专业讲师。

5. 培训领域

对于大学生而言，他们拥有的知识和智力就是其最有价值的资本。当这种资本得以应用于实践中，它将为他们带来无尽的回报。培训领域为大学生提供了一个完美的平台，让他们能够分享知识、传授技能，同时赚取所谓的“第一桶金”。相较于其他创业项目，培训业的入门门槛相对较低，没有太多复杂的设备或巨大的初期投资。通过在线或线下的形式，大学生可以针对各种主题进行培训，如编程、外语、艺术、数学等，满足不同群体的学习需求。

6. 设计领域

生活中的设计无处不在，它不仅仅是纸上或屏幕上的图案，更是一种思维、一种态度、一种表达。与培训业相似，设计领域不需要高科技或巨额的投资。但设计背后所体现的是一种创意思维，一个小小的细节改动就能带来全新的体验和视觉效果。对于求新求变、富有创意的大学生来说，这正是一个展现自己独特见解和才华的舞台。他们可以尝试从平面设计、产品设计、室内设计等各种方向进行探索。

五、创业计划书

撰写创业计划书是创业中很重要的一个环节，它不仅是创业融资的“敲门砖”，更是创业活动的行动纲领和规避创业风险的指南。创业初期往往要面临着融资。创业计划书通过详尽地陈述和剖析公司或项目，为投资者提供了一个全景式的视图，帮助他们了解和评估潜在的投资价值。这对于吸引资金至关重要，尤其在现今的创业环境中，融资程序日益规范，如何撰写创业计划书已逐渐成为多数创业者的“必修课程”。但这份文件不仅是为了吸引外部资金，它同样是企业内部的指南，为创业活动提供方向。它认真地分析了从产品和服务到顾客需求、从市场竞争到投入产出的每一个细节，为企业在不同阶段的决策提供参考。一份经过深思熟虑的创业计划书可以确保企业始终沿着正确的路径前进。

作为一份标准的文件，大部分创业计划书都会遵循某种通用的模板和结构。但仅有结构并不足以保证计划书脱颖而出，真正吸引投资人的目光。许多人认为，只要项目本身优秀，自然会有投资者为之驻足。但在信息爆炸的今天，投资者每天都会接触到大量的项目，他们不可能为每一个项目都进行深入的研究和了解。因此，他们对一份创业计划书的第一印象尤为重要。

一份成功的创业计划书，首先应该具有吸引人的外观和布局。简洁明了、专业大方，能够让投资者一眼就能感受到团队的专业性和对项目的认真态度。内容上要涵盖潜在投资者所关心的所有要点，包括项目的市场分析、团队背景、商业模式、财务预测等。但更为重要的是，对于投资方特别关心的问题，如项目的竞争力、风险和回报预期等，需要进行重点陈述和深入的分析。

不同的融资项目，由于项目性质不同、项目所处阶段不同等各种因素，投资人关注点会有所侧重。一般而言，项目的市场、产品、管理团队、风险、项目价值等方面是投资人评审项目的要点。

下面是一份完整的创业计划书需要注意的几个方面。

（一）执行摘要

执行摘要位于文档的开头，但往往是最后完成的。执行摘要需要综合整个计划书的核心内容，为潜在的投资人留下深刻的印象。执行摘要的长度通常为 2 至 3 页，但这短短的几页必须包含关于项目的最重要、最具吸引力的信息。这不仅包括公司或项目的基本情况，还要阐明其独特之处，特别是与竞争对手相比的优势。通常情况下，要想吸引投资人的兴趣，这部分可以从净现金流入、广泛的客户基础、市场快速增长的机会、背景丰厚的团队几方面入手。

（二）产品和服务介绍

在创业计划书中，关于公司产品和服务的部分，往往是创业者最为自信和熟悉的部分。但同时，这也常常成为他们在撰写时容易陷入的误区。许多创业者在描述产品和服务时，因为对自家技术的深度了解和骄傲，过于沉溺于技术细节，导致这一部分变得极其专业和生僻。需要明确的是，投资人大多不具有技术背景，他们更关心的是这项技术如何转化为市场价值、如何产生盈利以及这背后的长期战略是什么。因此，在描述公司现有的产品和服务时，创业者首先要对其性能、技术特点、典型客户和盈利能力进行清晰的陈述。这不仅要表明产品的独特性，还要展示其在市场中的接受度和潜在的盈利空间。而在介绍技术特点时，创业者应尽量用简洁易懂的语言，避免冗长的专业术语，确保投资人能够理解其核心价值。

此外，未来的产品研发计划也是这部分的重要内容。创业者应展示公司的研发方向和策略，向投资人传达一个信息：公司不仅对现有产品有深度的认识，更有明确的发展蓝图和长远规划。

（三）市场与竞争分析

风险投资与传统的融资方式存在显著的差异，它不仅是对一个公司现有价值的评估，更多的是对公司未来增长潜力的投资。因此，当创业者试图吸引风险投资者时，只强调公司当前的成绩或技术优势是远远不够的。他们必须提供一个清晰、可靠且具有吸引力的市场竞争分析，以证明其未来的增长空间和市场机会。

在市场竞争部分，创业者应重点分析市场整体发展趋势、细分市场的容量、未来增长估计等因素。市场整体发展趋势不仅包括现有市场的规模和增长率，还要展望未来的发展方向和潜在增长空间。例如，如果一个初创公司主要从事某种新兴技术的研发，那么他们需要说明这种技术未来可能带来的市场变革，以及这种变革意味着的商业机会。细分市场的容量关注的是公司直接面临的市场规模。创业者需要详细描述他们的目标客户群、其购买力和未来的消费趋势。未来增长估计需要基于实际的市场数据和客观的预测方法，如果可能的话，最好引用行业专家或市场调查公司的研究报告来支持这些预测。市场影响因素分析涉及外部环境对公司业务的影响，包括技术进步、政策变化、经济趋势等。这些因素可能为公司带来机会，也可能带来威胁，创业者需要展现他们对这些影响因素的深入理解和应对策略。

（四）战略规划与实施计划

优质的产品和良好的市场机遇虽然为企业的成功奠定了基础，但背后的推动力则是一个切实可行的实施计划。这份计划应将企业的宏观战略目标转化为每个部门、每个团队乃至每个员工的具体行动指南，保障从策略到行动的无缝连接。制订的实施计划要针对目标市场的情况，做到时效性好、可操作性强、适应性灵活。

（五）管理团队介绍

无数的案例证明：优越的市场机遇、独特的技术创新，甚至充足的资金支持，都可能因为人的因素而失败。而对于处在初始、脆弱阶段的初创企业，这一因素更是起到了决定性的作用。可以说，创业团队是推动企业成功的核心驱动力。一个完整、高效的创业团队往往涵盖了从管理到研发、从生产到营销的多个领域。每个领域的团队成员不仅要具备相关的专业技能和经验，更要有与企业的愿景和目标相匹配的价值观和信念。他们共同为一个目标而努力，共同面对各种挑战，共同分享成功的喜悦。正是这种团队精神和协同作战的能力，才能使企业在竞争激烈的市场环境中立于不败之地。

在整个创业团队中，核心团队成员的作用尤为突出。他们是企业的思想领袖，是决策的中坚，是执行的先锋。核心团队成员的过往经历也是投资人评估企业潜力的重要参考因素。一个曾经成功创业、拥有丰富经验的团队，无疑更容易赢得投资人的信赖。

（六）财务预测与融资方案

无论是什么样的投资，影响企业价值评估的财务情况都是投资人非常关心的部分。财务预测是对企业的创业计划书中所有定性描述进行量化的系统过程。这部分需要说明投入金额、资金使用分配、成本、预计的产量和销量、利润、盈亏平衡点、投资的回收等情况。财务预测的合理性为融资方案的制定提供了坚实的基础。一个企业可能拥有出色的财务预测，但如果其融资方案看起来不够合理或可行，那么投资人可能会重新评估其决策。

融资后的资金如何使用是投资人关心的另一个重要方面。一个清晰且合理的资金使用计划可以有效地减少投资人的疑虑，确保他们相信企业有足够的能力和策略来正确、高效地使用这笔资金，从而为投资人带来期望中的回报。

不同的融资方案也会对企业的运营方式产生影响。例如，若选择股份制，则企业需要对股东进行更多的信息披露和沟通；如果选择银行借贷，那么企业需要面对更严格的还款计划。因此，在选择融资方案时，创业者不仅要考虑资金成本，还要考虑这些方案对企业运营的长远影响。

（七）风险控制

每一个创业者在撰写计划书时，都会尽可能地展现自己项目的美好前景，从产品、市场定位、营销策略到财务预测，每一个部分都被描述得锦绣前程。但是，任何有经验的投资者都明白，商业世界中并没有绝对的确定性，每一个创业项目都充满了不确定的风险。作为风险投资方，他们更多地面对的是一个个充满未知的项目。而在这些不确定性中，风险分析成为他们最为关心的部分。因为风险分析不仅仅是列举潜在的风险，更重要的是展示创业者对于这些风险的认知和应对策略。

对投资人而言，风险是创业的常态。在商业竞争激烈的今天，没有哪个项目可以说是绝对的“稳赚不赔”。但是，真正让投资人担忧的并不是风险本身，而是那些对于风险持盲目乐观态度，或者根本不去正视风险存在的创业者。所以，对于风险这一部分“避重就轻”的做法并不可取。

六、大学生创业的障碍

大学生创业在近年来已逐渐成为全社会关注的焦点。不少大学生正在选择放弃传统的职业道路，如稳定的工作，转而尝试创业；不少高校已经设立了创业中心、孵化器或者提供了创业课程，鼓励学生创新和尝试；各级政府已制定了一系列的扶持政策，如资金支持、税收优惠、创业培训等。尽管有上述各种支持，大学生创业的现实情况并不乐观。如今，成功的大学生创业者仍然是少数，而失败的案例却为数众多。

总体说来，大学生创业失败可以归纳为以下几个方面。

（一）意识障碍

大学生创业意识涉及对创业实践的正确认识、理性分析与自觉决策。在当代社会中，一个个体要在职场上有所作为，除了技能和知识，还需要一种适应整个社会氛围、发现机会、积极进取的创业与创新意识。然而，中国的大学生普遍面临着创业意识的障碍。

由于长时间受到传统教育体制的束缚，很多大学生缺乏独立意识。他们习惯于被动接受信息，缺乏独立思考和批判性思维，这直接影响他们对创业的理解和态度。此外，当前的大学生在成长过程中，很少面临真正的竞争和压力。大部分学生生活在一个比较舒适的环境中，缺乏锻炼和真正的竞争意识。他们在面临真正的社会竞争时，可能会感到不知所措。

为此，高校需要进一步改革教育体制，加强培养学生的创业和创新意识，帮助他们建立正确的人生观和价值观，培养独立思考、批判性思维和竞争意识，从而为社会输送更多具备创业精神的优秀人才。

（二）创新障碍

在当前的经济环境中，大学生创业活动愈发活跃，他们怀揣着梦想和热情，期望通过自己的努力实现事业上的突破。然而，伴随着这一热潮的是许多大学生创业失败的案例。其中一个显著的原因便是忽视了技术创新。

技术创新是当代大学生创业的核心驱动力。在信息时代，技术进步的速度远超以往，使得不断的技术创新成为企业持续竞争和发展的关键。然而，大部分大学生在创业初期往往重视市场调研、资金筹措等方面，而忽略了对技术创新的投入和研发。这使得他们的产品或服务在市场上难以形成差异化竞争优势，容易被竞争对手超越。不仅如此，缺乏技术创新很容易使企业陷入价格战，最终导致盈利模式不稳定，企业发展困难。同时，忽视技术创新也意味着错过了行业中的新机会，限制了企业的未来增长空间。

大学生在创业时必须认识到技术创新的重要性，投入足够的资源和精力进行技术研发，这样才能确保创业项目的长远发展和具有市场竞争力。

（三）知识障碍

在全国性的创业计划大赛中，许多大学生创业者虽然怀有满腔的热情，但在具体的项目表述和展示中显然存在知识上的短板。从不能准确地表达自己的创意，到缺乏对市场和竞争对手的深入了解，再到数据分析的不严谨，这些问题凸显了大学生在创业知识储备上的明显不足。

创业不仅仅是一个想法或者概念，它需要有准确而清晰的表达。如果一个创业者无法将自己的创意具体化，使其听起来既独特又有吸引力，那么这个想法很难得到投资人或市场的认可。更何况，如果缺少个性化的信息传递，创业项目就可能失去其独特性，成为千篇一律的产品或服务。对于市场和竞争对手的了解是每一个创业项目成功的关键。一个好的创业者应该清楚地知道自己的目标市场是什么，竞争对手的情况如何，以及自己如何在这个市场中取得竞争优势。创业者若缺乏这方面的了解，很可能导致创业项目失去方向，最终难以生存。再者，数据是创业项目的有力证明。如果一个创业者所提供的数据不严谨，那么这个项目就会失去说服力，很难获得评委、投资人甚至是客户的信任。因此，大学生创业者在创业路上必须重视知识的储备和补充。只有具备了充足的创业知识，才能避免在实际操作中碰壁，从而提高创业成功的概率。

（四）资金障碍

资金对于创业初期的公司而言，无疑是其成长和拓展的重要支持。但在实际的融资过程中，许多大学生创业者经常面临各种资金障碍。例如，许多创业者在急切需要资金支持时，往往为了短期的利益选择放弃大部分股份，甚至贱卖自己宝贵的技术或创意。这样的策略短时间内或许能解决资金困境，但长远来看，公司的控制权和核心技术流失可能会对企业的发展造成极大的障碍。风险投资的引入也需要审慎考虑。有些创业者对获得的风险投资使用不负责任，采取“烧别人的钱圆自己的梦”的态度，导致资金迅速耗尽，企业发展受阻。更为关键的是，每一轮融资引入的投资者都会对后续的融资可行性和公司的价值评估产生重大影响。引入不合适的投资者可能会在后续融资中制造困难，使得企业陷入更大的困境。

为了避免这些资金障碍，对于尚处于早期的创业公司来说，选择合适的投资者至关重要。并不是所有的资金都是“好”的资金。创业者应当选择那些真正有实力、能提供增值服务、与自己理念相统一的投资者。这样的投资者除了提供资金支持外，还能为企业带来业务经验、人脉资源、管理建议等增值服务。

（五）心态障碍

对于许多大学生创业者来说，除了外部环境的挑战，内心的心态障碍往往是成功路上的一大绊脚石。具体来看，心态障碍主要表现在对风险的认知、对失败的承受度、对责任的担当以及务实精神的缺失上。

1. 对风险的认知

风险意识是每一位创业者都必须具备的基本素养。创业的路上充满了未知和变数，只有真正明白并接受风险，创业者才能做出明智的决策。然而，许多大学生由于经验不足，往往对风险存在盲目的乐观，导致在面临困境时感到不知所措。

2. 对失败的承受度

失败是创业路上的常态，大学生创业者需要有足够的心理准备面对各种困难和挫折，不应当因为一次失败而轻言放弃。

3. 对责任的担当

对公司的发展、员工的生计、投资者的信任，创业者都应当承担起相应的责任。一个没有责任感的创业者很难赢得团队和投资者的信赖。

4. 务实精神的缺失

创业者空有一个好想法并不足以保证成功，只有踏实做事才能确保创业项目从概念变为现实。

（六）经验障碍

在当下社会中，越来越多的大学生都怀揣着创业的梦想，期望通过自己的努力成为一个成功的企业家。然而，创业之路充满了荆棘。其中，经验障碍是大学生创业者最为常见的挑战之一。

很多大学生在学术领域拥有丰富的知识，但在实际的商业和市场操作上却呈现出“眼高手低”的现象。他们能够在纸上设计出完美的商业模式和策略，但当进入真实的市场环境，面对复杂的人际关系和不断变化的市场情况时，往往会感到手足无措。这种“纸上谈兵”的做法，使得他们在市场开拓上频频碰壁，难以推进创业项目。要真正帮助大学生克服这一经验障碍，关键在于教育和实践。在校期间，高校应提供系统的创业教育和训练，不仅要教授理论知识，还要注重实践操作的培训。例如，高校可以组织创业实战课程，让学生在真实的市场环境中模拟创业，体验市场开拓的真实挑战，从而积累宝贵的实践经验。

除此之外，培养学生的创业意识、创业素质和创业能力也至关重要。这不仅包括基本的商业知识和技能，还包括面对挑战的心态、解决问题的能力、与人沟通和合作的技巧等。这些能力和素质将为大学生创业者打下更坚实的基础，帮助他们更好地应对各种创业障碍。

参考文献

[1] 赵雪政，余少军，余金保 . 大学生职业生涯规划与管理 [M]. 上海：上海交通大学出版社，2022.

[2] 何昆蓉 . 大学生职业生涯规划与管理 [M]. 成都：西南交通大学出版社，2014.

[3] 张素红 . 大学生职业生涯规划与管理 [M]. 南京：东南大学出版社，2013.

[4] 张乐敏，吴玮，宋丽珍 . 大学生职业生涯规划与管理 [M]. 上海：复旦大学出版社，2008.

[5] 张瑞颖 . 就业导向下的大学生职业生涯规划与管理研究 [M]. 北京：中国书籍出版社，2021.

[6] 林学军 . 当代大学生职业生涯规划与管理 [M]. 广州：暨南大学出版社，2008.

[7] 何具海 . 大学生职业生涯规划与就业指导 [M]. 长春：吉林人民出版社，2019.

[8] 刘步中，冯丽锋 . 大学生职业生涯规划与就业指导 [M]. 成都：电子科技大学出版社，2019.

[9] 伍章余 . 大学生职业生涯规划与就业指导 [M]. 北京：中国原子能出版社，2018.

[10] 张丹阳 . 大学生创业素养形成机理及培育对策研究 [D]. 南昌 : 南昌大学，2023.
[11] 史芝夕 . 大学生就业价值观生成机理及引导策略研究 [D]. 石家庄：河北科技大学，2022.
[12] 李健 . 新时代大学生就业观培育优化研究 [D]. 长春：东北师范大学，2022.
[13] 曹敏 . 新时代大学生创业精神培育研究 [D]. 杭州：杭州电子科技大学，2022.
[14] 高昂 . 大学生职业生涯规划能力培育问题研究 [D]. 郑州：郑州大学，2020.
[15] 王晶 . 新时代大学生职业生涯规划教育研究 [D]. 西安：西安科技大学，2020.
[16] 王琪琪 . 基于职业生涯规划理念的大学生就业力提升研究 [D]. 武汉：武汉理工大学，2019.
[17] 申丽丽 . 大学生职业生涯规划存在的问题及策略研究 [D]. 长春：吉林农业大学，2015.
[18] 戴世尘 . 大学生职业生涯规划存在的问题及对策研究 [D]. 沈阳：沈阳建筑大学，2015.
[19] 王海龙 . 大学生职业生涯规划存在的问题与对策研究 [D]. 长春：吉林农业大学，2013.
[20] 吕超 . 大学生职业生涯规划过程设计研究 [D]. 西安：西安科技大学，2012.
[21] 徐阳平 . 高职大学生职业生涯规划分析与研究 [D]. 成都：西南交通大学，2012.
[22] 李颖 . 我国大学生职业生涯规划与策略 [D]. 沈阳：东北大学，2008.
[23] 谭敏 . 大学生职业生涯规划及管理体系的研究 [D]. 成都：西南财经大学，2007.
[24] 陈豆豆 . 大学生创业教育引导机制研究 [D]. 杭州：杭州电子科技大学，2023.
[25] 李萌 . 高校创业教育对大学生生涯适应力的影响研究 [D]. 太原：山西财经大学，2023.
[26] 杨锐 . 我国大学生持续创业能力研究 [D]. 北京：北京科技大学，2023.

[27] 李均培 . 基于 PDCA 循环理论的大学生职业生涯教育研究 [D]. 石家庄：河北科技大学，2022.
[28] 庄郁香 . 大学生创业能力培养的现实困境与机制建构 [D]. 南京：南京邮电大学，2022.
[29] 邓星 . 大学生创业价值观培育研究 [D]. 杭州：杭州电子科技大学，2022.
[30] 彭刚 . 高职院校创业教育对大学生创业行为的影响研究 [D]. 南昌：江西财经大学，2022.
[31] 杨宇鹏 . 大学生创业价值观形成与高校创业教育路径研究 [D]. 杭州：浙江大学，2022.
[32] 张叶 . 在校大学生职业生涯的自我规划及管理分析 [J]. 人力资源管理，2012（12）:179–180.
[33] 刘子芳 . 大学生职业生涯规划存在问题及对策探究 [J]. 沈阳农业大学学报（社会科学版），2012，14（2）:195–198.
[34] 胡会芳 . 高职院校大学生职业生涯规划与管理 [J]. 职业，2012（2）:64–65.
[35] 钱威 . 社会实践中的大学生职业生涯规划管理 [J]. 北方经贸，2011（5）:78–79.
[36] 苏超 . 关于大学生涯自我管理的思考 [J]. 河南机电高等专科学校学报，2010，18（1）：63–65.
[37] 孙烨，冷柏 . 大学生如何自我规划职业 [J]. 北方经贸，2009（10）：159–160.
[38] 张向前，黄种杰，骆峤嵘 . 大学生职业生涯管理存在的问题及对策 [J]. 职业技术教育，2009，30（26）：88–90.
[39] 李新艳 . 利用职业生涯规划教育引导大学生自我管理 [J]. 才智，2009（10）：80–81.
[40] 陈幼梅 . 大学生职业生涯规划现状及优化管理研究 [J]. 吉林农业科技学院学报，2023，32（3）：45–48.
[41] 徐玥 . 经济新常态下大学生就业难问题与对策 [J]. 合作经济与科技，2022（21）：103–105.

[42] 董迪 . 经济新常态下促进大学生就业的对策 [J]. 经济研究导刊，2022（27）：149–151.
[43] 王杰 . 大学生就业创业认知偏差归因分析与纾解建议 [J]. 科技创新与生产力，2022（7）：31–33.
[44] 李超，刘波帆 . 大学生就业指导中的创新创业教育研究 [J]. 经济研究导刊，2022（16）：121–123.
[45] 吴学亮 . 大学生高质量就业中政府作用研究 [J]. 中国报业，2021（24）：78–81.
[46] 肖丽平 . 新形势下大学生职业生涯规划管理 [J]. 人才资源开发，2021（10）：63–64.
[47] 石柳清 . 新形势下大学生职业生涯规划管理对策探析 [J]. 商讯，2020（29）：191–192.
[48] 戴萍 . 大学生职业生涯规划中的目标管理应用探析 [J]. 现代职业教育，2018（23）：35.
[49] 阮晓芳 . 大学生职业生涯规划的重要性探究 [J]. 产业与科技论坛，2018，17（8）：254–255.
[50] 田蕾 . 大学生职业生涯规划及管理体系研究 [J]. 合作经济与科技，2018（7）：172–175.
[51] 赵娜，李红凯，史淑秀 . 基于应用型人才培养理念的大学生职业生涯规划管理研究 [J]. 西部素质教育，2017，3（16）：185–186.
[52] 和洁 . 职业生涯规划视野下的大学生自我管理研究 [J]. 现代职业教育，2016（27）：186–187.
[53] 邢世杰 . 大学生职业生涯规划教育内容与管理研究 [J]. 中国管理信息化，2016，19（16）：252.
[54] 肖敏 . 基于自我管理的大学生职业生涯规划发展路径研究 [J]. 科教导刊，2015（8）：163–164.
[55] 贾书果，韦丽华，杜倩 . 大学生职业生涯规划分析及解决策略 [J]. 教育观察，2015，4（4）：67–68，71.

[56] 张春兰 . 大学生职业生涯规划的有效管理 [J]. 黑龙江高教研究，2014（11）：88-90.

[57] 李锐 . 精细化管理模式下大学生职业生涯规划教育初探 [J]. 吉林省教育学院学报（下旬），2014，30（9）：32-33.

[58] 梁静 . 浅谈大学生职业生涯规划教育管理新模式 [J]. 中国职工教育，2014（10）：157.

[59] 王晨愉 . 自我管理理论在大学生职业生涯规划中的应用研究 [J]. 人力资源管理，2014（1）：187-188.

[60] 姜维 . 大学生职业生涯规划目标推进与管理 [J]. 经济研究导刊，2013（24）：94-95，100.

[61] 王小妮，黄振波 . 浅议高职院校大学生职业生涯规划与就业指导教育 [J]. 机械职业教育，2013（7）：44-46.

[62] 潘红军 . 浅析企业对高校大学生职业生涯规划的作用 [J]. 教育与职业，2008（32）：95-96.

[63] 张志华 . 大学生职业生涯规划与辅导的理论和实践 [J]. 职业时空，2008，4（7）：164-165.

[64] 宋翠娥，王宝钧 . 大学生职业生涯规划指导的教育管理学思考 [J]. 职业教育研究，2008（6）：62-63.

[65] 王攀，蔺丽英，马沁芳 . 大学生职业生涯规划管理的问题及对策研究 [J]. 石家庄经济学院学报，2008，31（1）：128-130，137.

[66] 姚从容 . 大学生职业生涯早期管理与职业选择 [J]. 郑州航空工业管理学院学报，2007,25（4）：77-79.

[67] 李大勇 . 浅议大学生职业生涯发展规划教育 [J]. 教育与职业，2007（15）：110-112.

[68] 赵天武 . 对大学生职业生涯规划的思考 [J]. 襄樊学院学报，2006,27（6）：98-101.

[69] 戴绍松 . 略论加强大学生职业生涯的管理 [J]. 漳州职业技术学院学报，2006,8（2）：124-126，132.

[70] 林艳新，丁华 . 大学生职业生涯设计与管理 [J]. 辽宁教育研究，2005（5）：21-22.

[71] 高琼 . 企业人才需求背景下的大学生职业生涯规划教育策略探讨 [J]. 现代企业文化，2023（11）：145-148.

[72] 王克明 . 精准就业引导下大学生职业生涯规划指导的措施分析 [J]. 人才资源开发，2022（22）：65-67.

[73] 敖晶，武荔涵 . 浅谈性格探索在大学生职业生涯规划中的运用 [J]. 人才资源开发，2022（15）：76-77.